ESSAIS DE LA CASA DE VELÁZQUEZ

ESSAIS DE LA CASA DE VELÁZQUEZ
VOLUME 13

Evelyne Sanchez

EL JUEZ, EL NOTARIO Y EL CAUDILLO

ANÁLISIS DE UN JUICIO VERBAL EN TLAXCALA DURANTE LA REVOLUCIÓN

CASA DE VELÁZQVEZ
MADRID 2019

Directeur des publications : Michel Bertrand
Coordinateur du service des publications : Richard Figuier
Éditrice : Sakina Missoum
Secrétariat d'édition et mise en pages : Matilde París
Couverture : Olivier Delubac

ISBN : 978-84-9096-238-1. ISSN : 2171-9004. Dépôt légal : M-25562-2019

Imprimé pour la première fois en septembre 2019 par Books on Demand, GmbH, à Norderstedt, Allemagne.
Printed in Germany – Impreso en Alemania

Casa de Velázquez, c/ de Paul Guinard, 3. Ciudad Universitaria 28040 Madrid España
Tél. : (34) 91 455 15 80. Fax : (34) 91 549 72 50. Site Internet : www.casadevelazquez.org

Le catalogue des publications de la Casa de Velázquez peut être consulté sur le site Internet de l'établissement

Índice

Advertencia al lector IX

Introducción 1
La fuente: un juicio verbal
El análisis de la fuente: el pleito como «milhojas»

El caso: un juicio verbal de 1916 23

Dos mujeres y un pleito sobre propiedad 37

Conflicto de jurisdicción y de legitimidad 51
La cuestión territorial
Justicia letrada, justicia lega

El juez y el notario 69

El juez y el caudillo 89

Las redes de poder de Santa Apolonia Teacalco.
Del municipio al Estado 103

Consideraciones finales. El peso de la Revolución 113

Notas 121

Advertencia al lector

Toda la información de que disponemos sobre el pleito verbal analizado en esta obra[1] se encuentra en las dos fuentes siguientes: *Juicio verbal promovido por la Señora Rafaela Hernández contra la Señora María Ana Vázquez, sobre desocupación de una casa ubicada en el pueblo de Santo Tomás La Concordia, Municipio de Natívitas* (Archivo Histórico del Tribunal Superior de Justicia del Estado de Tlaxcala [AHTSJET], Distrito de Zaragoza, Año 1916); *Ocurso presentado ante este gobierno por la Señora Mariana Vázquez vecina del pueblo de Santo Tomás la Concordia, municipalidad de Nativitas por el que se queja contra actos del juez primero local de Zacatelco* (Archivo Histórico del Estado de Tlaxcala [AHET], Régimen Obregonista [Rev-RO], Serie Justicia y Gobernación [Just-Gob]), C. 200, Exp. 21, 29 f[os], Año 1916.

A estas dos fuentes principales, se agrega el expediente que el comité particular del pueblo de Santo Tomás la Concordia armó para solicitar tierras ejidales tomadas de las haciendas vecinas y al que nos referiremos cuando tratemos los intereses en juego escondidos dentro del pleito (pp. 37-49). El Fondo de Reforma Agraria no estaba catalogado en el momento de mi investigación, motivo por el que el expediente está referenciado como: AHET, Ref-Ag., sin clasificar, Santo Tomás la Concordia, años de 1917 a 1930. Dentro de este expediente se encuentra, entre otros documentos, el informe del ingeniero auxiliar Román C. Manjarrez, redactado en Tlaxcala el 1 de julio de 1917. Aprovecho la oportunidad para agradecer a la dirección del Archivo por permitirme la consulta y digitalización de varios expedientes de este ramo.

Por lo tanto no se volverá a indicar en notas las referencias a estos expedientes, sino que se precisarán solo las referencias archivísticas de las fuentes utilizadas puntualmente en complemento a los tres expedientes principales citados arriba.

Introducción

El juez, el notario y el caudillo, quizás el título de este libro recuerde al lector las *Fábulas* de La Fontaine. Como estas, la obra empieza con una narración. La misma sirve de base para analizar las relaciones entre tres figuras de poder, dos de ellas del poder judicial y una del poder político y militar. Estos personajes se relacionan dentro del marco de un pleito ocurrido en el campo tlaxcalteca durante la Revolución y llevan a interrogarse sobre el funcionamiento de las instituciones en ese momento tan peculiar de la historia mexicana. ¿Cómo, en el quehacer cotidiano del juez, se manifestaban los eventos políticos y militares de la Revolución? ¿Qué fue lo que no cambió? ¿De qué forma las funciones notariales alteraban el proyecto modernizador de la administración de justicia? ¿Dónde estaba la separación de poderes cuando un caudillo podía interferir en un juicio verbal anodino? Pero no se debe olvidar lo más importante: la configuración de los tres actores citados en el título se debe a que dos litigantes los habían movilizado, dos mujeres en conflicto por la propiedad de una casa y un solar en uno de los pueblos más pobres de su municipio. Esa imbricación estrecha entre la defensa de intereses triviales y procesos y eventos mayores explica nuestro interés por la fuente seleccionada.

Otro de los propósitos de esta investigación radica en acercarnos a la realidad vivida por la gente ordinaria durante la Revolución mexicana. Para eso, disponemos de una cantidad innumerable de fuentes gracias a la apertura de los archivos locales que empezó en los años ochenta y sigue en proceso, con una cronología variable, en las distintas entidades del país. En tales condiciones, seleccionar un expediente en particular como punto de partida es en sí mismo una tarea compleja que amerita ser argumentada. Pero antes de extendernos sobre este punto, se debe reflexionar sobre el término «ordinario», en la medida en que ha existido cierta confusión en la historiografía entre lo que sería una «persona ordinaria» y una «persona en una situación ordinaria». En el primer caso, el criterio que viene de inmediato a la mente es el cuantitativo: es ordinaria la persona estadísticamente representativa en una población determinada; y aquí es precisamente donde empieza el problema porque, en función del tamaño del territorio elegido, el perfil de dicha población presenta variaciones innumerables.

Como se mencionó arriba, el pleito seleccionado para este estudio pone en escena a dos mujeres, una casada, otra viuda, del campo tlaxcalteca. Globalmente, pueden considerarse representativas de la «gente ordinaria» a que nos referíamos. En 1910, entre el 70 % y el 85 % de la población de México era rural, y la meseta central seguía siendo la región más poblada del país. A pesar de que la proporción habitualmente aceptada es del 70 %, François-Xavier Guerra, en su obra clásica *Le Mexique. De l'Ancien Régime à la Révolution*[1], criticó esta cifra con argumentos convincentes, en relación con las fuentes y su uso. Los censos mexicanos de principios del siglo XX consideraban que la población rural era la que vivía en pueblos de menos de 1 000 habitantes, un número muy bajo, por lo que los historiadores decidieron aplicar el límite actual de 2 500. Este reacomodo dio como resultado un porcentaje del 71 % de la población. Sin embargo, Guerra advirtió que la mayoría de los residentes de las aglomeraciones de 2 500 a 10 000 habitantes tenían actividades agrícolas, lo que motivó un segundo cálculo tomando en cuenta este dato. Por lo tanto, el 85 % sería una proporción más cercana a la realidad.

Pero hay muchos tipos de rural y la variedad de términos de que disponían los campesinos para designar su situación laboral y su estatus da testimonio del repertorio. Se podría pasar por alto esta diversidad, considerando que las mujeres solían declarar que se dedicaban a «las actividades propias de su sexo», vivieran en una hacienda, en un pueblo o en la ciudad. Las sirvientas y las maestras eran de las pocas que declaraban una profesión remunerada, pero ninguna de las mujeres que vivía de una actividad agrícola afirmó ser campista (propietaria de un minifundio), jornalera o agricultora, en ninguna de las fuentes consultadas que abarcan varios años de trabajo de campo. En el territorio del México central, región donde se promovió una agricultura modernizada y vinculada a los grandes mercados mediante el ferrocarril, las dos justiciables son representativas de un campesinado que dividía su tiempo y fuerza laboral entre su diminuta propiedad y trabajos temporales en haciendas cercanas, así como de habitantes de pueblos próximos a grandes ciudades —en ese caso, Puebla— que iban y venían en función de las oportunidades de trabajo.

¿Serán estos criterios suficientes para considerar a las dos litigantes como personas ordinarias? Podemos agregar que el 70 % de la población era analfabeta y que esa tasa era aún más elevada entre las mujeres, lo cual corresponde al perfil encontrado en el pleito, a pesar de los esfuerzos realizados durante el porfiriato en pro de la educación rural. La situación del Estado de Tlaxcala no se alejaba del promedio nacional, ya que el 73,52 % de las personas mayores de 12 años no sabían ni leer ni escribir, según las estadísticas publicadas el 29 de julio de 1906 en *La Antigua República. Semanario de política, variedades y anuncios*[2]. Reduciendo más el territorio para centrarnos en el municipio de Santa María de Natívitas al que pertenecía el pueblo de Santo Tomás la Concordia, de donde la demandada y la demandante eran originarias, podemos observar (cuadro 1) que la tasa de analfabetismo era inferior a los promedios nacional y estatal. Esto se debe tanto al hecho de que la fuente solo reporta la población masculina —por ser un padrón de ciudadanos—, como a la correlación existente entre propiedad y nivel educativo, o sea, que la tasa de alfabetismo era mucho más alta entre los campistas que entre los jornaleros. El reporte de 1906 precisa que había en el municipio no menos de dieciséis preceptores, habitualmente uno de cada sexo en cada pueblo, con excepción de San Vicente Xiloxochitla y de Santo Tomás la Concordia donde los niños tenían un preceptor, pero no las niñas. Así que la incapacidad de las dos litigantes para firmar sus declaraciones puede ser considerada representativa del descuido en la educación de las niñas, especialmente visible en su pueblo, pero también presente en todo el país, aunque la situación había mejorado mucho en el transcurso de los veinte últimos años como puede verse al comparar estos datos con una memoria publicada por el Ejecutivo del Estado en 1888 para rendir cuentas de su administración en los dos años anteriores. Allí se indica que el municipio de Natívitas contaba con 620 niños en escuelas públicas y tan solo 80 niñas, y que únicamente la escuela de la cabecera las recibía. Los dos pueblos mencionados arriba representarían por lo tanto una excepción y el pleito verbal constituye un testimonio de los pueblos olvidados del «orden y progreso» organizado por Porfirio Díaz.

Cuadro 1. — Nivel de alfabetismo en el municipio de Santa María de Natívitas en 1912

Pueblos	Ciudadanos censados	Porcentaje de alfabetismo			
		Total	Campistas	Jornaleros	Comerciantes
Santa María de Nativitas	175	68	51	22	89
Santa Apolonia Teacalco	181	67	67	No aplica	100
San Vicente Xiloxochitla	118	50	51	No aplica	0
San Miguel del Milagro	109	49	46	71	No aplica
San Rafael Tenanyecac	90	51	47	No aplica	67
San Miguel Xochitecati	149	70	68	No aplica	100

Santiago Michac	209	48	47	0	100
Santo Tomás la Concordia	80	40	40	No aplica	No aplica
San José Atoyatenco	78	82	79	No aplica	No aplica

FUENTE: AHET, Rev-RO, Just-Gob, C. 134, Exp. 73, 217 f[os], Año 1912.

Pero hay quienes son más exigentes a la hora de definir lo que es o no es una persona ordinaria. Según Alain Corbin, una persona realmente ordinaria tan solo deja rastro en los registros civiles y en los censos. En otras palabras, no aparece mencionada sino en documentos elaborados de forma sistemática, sin promover por sí misma ningún registro específico, como un acta notarial o un juicio[3]. Su ensayo —en el que el objeto de estudio es definido como un «punto ciego»— intenta probar que, a pesar de no dejar rastro, tal persona no escapa al campo de investigación del historiador. Por su carácter experimental, este trabajo no carece de interés, especialmente para entender cómo los eventos de la «gran historia» podían ser percibidos, y sobre todo vividos, en un pueblo provinciano y por personas de una misma generación. Sin embargo, sus alcances muestran también los límites de ese enfoque: muchas de las conclusiones de Corbin son el resultado de un estudio estadístico sobre el mundo artesanal (los fabricantes de zuecos) en una región determinada, a partir del cual se extrapola que, en el caso estudiado, «nada impide pensar» que su situación era similar a la de la mayoría de los artesanos de la zona. O sea, que el referente de la representatividad estadística regresa con fuerza cuando se pretendía imponer un criterio más exigente.

La postura de Corbin es distinta de la que defienden los *Cultural Studies* como parte de los *Subaltern Studies* y que tienen éxito en el mundo anglosajón y en América Latina. Sin embargo, debemos mencionar un punto común entre estos dos enfoques en el diagnóstico, aunque las formas de resolver el problema planteado sean diferentes. En los *Cultural Studies*, lo ordinario se confunde con lo subalterno, lo cual en número está claro, especialmente en las sociedades postcoloniales, objeto de estos estudios. Sin embargo, este concepto, concretamente, define a los «subalternos» en función de su relación con los «dominantes». En el caso mexicano, el subalterno será el indígena en su calidad de autóctono en una situación de dominación respecto al español o al criollo y si la relación de dominación sirve de prisma de análisis, entonces la capacidad de acción de estos grupos tiende a ser interpretada, *a priori*, en términos de resistencia y sumisión. En el caso de la India, primer terreno donde se experimentó este enfoque, la ausencia de fuentes escritas en las que estos grupos se expresaran llevó a profundizar en las fuentes orales. De allí surgió la idea de que lo subalterno —o lo ordinario, en el caso del estudio de Corbin— es ocultado por fuentes producidas por instituciones dominantes, su voz es necesariamente callada e incluso voluntariamente silenciada. La historiadora Florencia E. Mallon escribió una crítica severa —y convincente— de los *Cultural Studies*. Parte de su argumento se puede resumir como sigue: los defensores de esta corriente, en una postura postmodernista, niegan al historiador la posibilidad de escapar a la subjetividad de las fuentes, producto de las élites culturales y reflejo de sus prejuicios e intereses. Estas fuentes no permiten acercarnos a los grupos subalternos cuya voz solo llega hasta nosotros a través del filtro del grupo dominante que habla en su nombre o que dicta las reglas y formas de expresión en los documentos producidos por las administraciones. Además, el hecho de enfocar el análisis en las cuestiones de hegemonía y de dominación hace que se renuncie efectivamente a la crítica de la fuente en función de su contexto de producción. Esta postura (post)estructuralista conduce finalmente a estudios ahistóricos, de ahí la necesidad de distinguir claramente los *Cultural Studies*, que tuvieron viento en popa en los departamentos de literatura de las universidades anglosajonas, y la historia cultural que nunca renunció ni a las fuentes ni a su crítica[4].

La fuente: un juicio verbal

El subtítulo de este libro ya aclaró al lector sobre nuestra posición respecto a estas discusiones: nos apegamos a las fuentes, a su análisis crítico y preciso, y a su confrontación y enriquecimiento con fuentes complementarias. Nada nuevo en eso. Sobre todo, queremos subrayar aquí que gran parte de esas posturas se deben, además de a un planteamiento ideológico, a la confusión alimentada entre persona y situación ordinarias. Está claro que una persona ordinaria puede encontrarse en una situación inusual y por ese motivo generar fuentes sobre asuntos habitualmente callados. Se han escrito demasiados comentarios acerca de la microhistoria y del concepto de «excepcional-normal» —concebido por Eduardo Grendi y difundido merced al éxito editorial del libro de Carlo Ginzburg sobre Menocchio[5]— para repetirlos una vez más. Sin embargo, aunque la afirmación anterior parezca una evidencia, debemos contextualizarla: la Revolución en sí fue un evento extraordinario, pero su duración instauró nuevas normas, relaciones de fuerza inéditas y prácticas administrativas modificadas para adaptarse —en todos los sentidos posibles, es decir, en su normativa, en el perfil del personal, etc.— a la nueva realidad. Los grupos «subalternos» nunca tuvieron tantas oportunidades de expresarse como en los expedientes elaborados a partir de 1915 para obtener la restitución o dotación de tierras, en las cartas enviadas al Ejecutivo estatal para solicitar apoyo o denunciar abusos, o en los juzgados en los que presentaban testimonios en las causas penales, en fuerte aumento debido a la violencia desatada en estos años, y civiles, por cuestiones de defensa de propiedad, por muy modesta que pudiera ser.

Vale la pena detenerse en la cuestión de la producción de dichas fuentes. Como es evidente, no fueron elaboradas por las personas analfabetas que las estadísticas nos presentan como representativas de los grupos populares de final del porfiriato; una persona letrada las redactaba en función de los requisitos de la administración que registraba la declaración o testimonio según un procedimiento determinado. En eso, el juicio es un híbrido que resulta del encuentro entre, por un lado, un aparato jurídico que define las reglas —una demanda redactada en términos de la ley, una entrega de pruebas, la presentación del expediente ante el juzgado capacitado para el asunto, etc.— y, por otro lado, los intereses y estrategias de las personas involucradas. El primer aspecto no pesa más que el segundo, basta con ver la cantidad de pleitos que nunca desembocaron en una sentencia para entender que hubo una verdadera instrumentalización de la administración de justicia por la sociedad y no faltan ejemplos en la historiografía que lo confirmen. Más aún, en un interesante artículo, Marcela Dávalos plantea que el analfabetismo no era vivido en el juzgado como señal de «rezago social». El hecho de solo tener acceso a los rastros escritos de un pleito no nos debe hacer olvidar la importancia de la oralidad en ese mismo proceso ni el hecho de que se pueden reconstruir *a posteriori* los «implícitos culturales», tanto de los jueces como de los indígenas. La capacidad de comunicar de los indios iletrados demuestra, para la autora, un proceso híbrido en el que la cultura jurídica heredada del medievo, de un lado, y la cultura oral india, por otro, entraban en una negociación y desembocaban en la aceptación del arbitraje judicial[6].

Planteado esto, ¿qué llevó a seleccionar un juicio verbal? Desde los años ochenta, son muchos los estudios que han demostrado cómo aspectos completos de la vida cotidiana de las personas más humildes pueden ser visibles a través de las fuentes judiciales y cómo la justicia desempeña un papel clave en la resolución de los conflictos. No obstante, también se ha subrayado que ni el mundo judicial ni el infrajudicial (entiéndase: los jueces legos, los notarios, los consejeros jurídicos, etc.) permiten abarcar la totalidad tanto de las tensiones que existían en las sociedades del pasado como de los mecanismos que permitían resolverlas. Los costos que un proceso judicial implicaba hacían que este normalmente fuese el último recurso. En el caso que nos interesa aquí —es decir, en un juzgado de primera instancia del Estado de Tlaxcala a principios del siglo XX—, sabemos que se cobraban 25 pesos únicamente por revisar el expediente, cantidad que correspondía a la mitad del precio de una mula. Más aún, los propios jueces habían asumido su función de mediadores, así que, todavía en el siglo xx, intentaban evitar que se constituyeran expedientes de pleitos para los casos que les parecían sencillos o de poca gravedad. Estos podían constituirse formalmente —pero sin dejar rastros escritos— como juicios verbales que desembocaban en una sentencia, o como simples arreglos facilitados por el juez y que no requerían un veredicto final. El presente trabajo propone el análisis de uno de estos pleitos verbales habitualmente invisibles para el historiador. Este nos ubica dentro del marco de la justicia letrada —en un juzgado de distrito, normalmente encabezado por un jurista titulado—, pero en su aspecto más cercano a la justicia tradicional, por el espacio de negociación que ofrecía y por la supuesta rapidez del proceso que no imponía la intervención de asesores jurídicos. Los juicios verbales eran comunes en los juzgados menores, dotados de jueces profanos (juez de paz en los pueblos, juez local en los municipios), donde se concentraba la regulación de conflictos sencillos y de poca incidencia, según los valores de la época. Es importante precisar que entre lo que podía tratarse en un juicio verbal en un juzgado inferior, se encontraban, todavía a mediados del siglo xix, casos de robo, riña e incluso homicidio; sin embargo, en la práctica de los juzgados, el juicio verbal es lo más cercano a la conciliación. Ahora bien, el pleito que nos ocupa se desarrolló en un juzgado supuestamente letrado, el de primera instancia del distrito de Zaragoza, ubicado en Zacatelco, en el suroeste del Estado de Tlaxcala. En la medida en que los escritos generados en los juzgados de paz de esta región no se archivaron y que el archivo municipal de Natívitas desapareció por completo en los años noventa, los únicos rastros que existen sobre sus actividades son los que se encuentran en la documentación que dejó el juzgado de primera instancia cuando los justiciables se quejaban de los jueces legos. Afortunadamente, los responsables del Archivo del Tribunal Superior de Justicia del Estado de Tlaxcala me autorizaron a consultar los expedientes correspondientes al siglo xx, que se encuentran en una antigua fábrica ubicada en San Manuel, al norte del Estado. Desgraciadamente, el incendio del archivo judicial en 1912 por fuerzas zapatistas —asunto sobre el que volveremos— limitó el número de estos. De hecho, el acervo tan solo conserva un legajo de documentos para los años 1900-1918 (no sabemos qué pasó con los pleitos de los años 1912-1918 que obviamente faltan). En consecuencia, no tuvimos posibilidad de elegir entre muchos pleitos verbales de los años de la Revolución y tampoco se pudo completar el expediente judicial con datos del archivo municipal. Sin embargo, el pleito elegido presentaba una ventaja, puesto que el conflicto jurisdiccional que se abrió entre los jueces de Zacatelco y de Natívitas obligó al primero a presentar su versión del asunto al secretario de Gobierno. Por lo tanto, disponemos de dos expedientes, uno judicial de 51 páginas y uno administrativo, gestionado por el Ejecutivo, de 43 páginas, lo cual es mucho para un pleito verbal que no solía dejar más rastros que la transcripción de la sentencia —cuando no había una conciliación entre las partes—, pero poco para que el historiador tenga la oportunidad de sacar de estas hojas una visión original de las prácticas jurídicas y políticas del periodo revolucionario. Estos documentos nos informan con bastante precisión sobre las estrategias argumentativas de las dos litigantes, sobre cómo el conflicto desembocó inmediatamente en el cuestionamiento de la legitimidad del juez, sobre la dificultad de este para hacer cumplir su sentencia y sobre el recurso habitual al Poder Ejecutivo como árbitro. No obstante, para entender lo que estaba en juego en este pleito —y que no se limitaba a la propiedad en disputa— y, más aún, para descubrir las prácticas administrativas poco ortodoxas respecto al ideal de modernidad y que complicaron la resolución del conflicto, tuvimos que recurrir a fuentes adicionales. Una de ellas es el expediente que presentó el pueblo de Santo Tomás la Concordia para solicitar tierras ejidales a las comisiones local y nacional agrarias y algunas fuentes notariales que sirvieron para aclarar ciertos aspectos clave del pleito, que trataremos más adelante (pp. 37-50). Para conocer las prácticas administrativas y, en particular, la gestión del personal de los juzgados, la forma cómo se contrataba a los jueces, cómo se negociaba su salario y las relaciones, a veces tensas, entre el Ejecutivo que manejaba el personal mediante la tesorería y el Poder Judicial, los expedientes de la sección de Gobernación y Justicia del Archivo Estatal fueron indispensables. Documentos de esta misma sección también sirvieron para ubicar la trayectoria y estrategias de Máximo Rojas, el caudillo local que intervino en el desarrollo del proceso. Finalmente, también se utilizaron otros pleitos del mismo periodo para tener puntos de comparación. En total fueron 39 expedientes, adicionalmente a los dos centrales, los que se consultaron para este ensayo.

A pesar de su carácter en apariencia flexible, fácilmente manejable por jueces legos, el juicio verbal también era común en los juzgados de primera instancia, como muestran las estadísticas del año 1892 para los casos de justicia penal[7] (cuadro 2). No disponemos de datos parecidos para la justicia civil —ramo al que pertenece el pleito seleccionado—, pero da una idea de la forma en que los jueces y la población preferían solucionar sus conflictos.

Cuadro 2. — Parte relativa de los juicios verbales entre las causas criminales procesados en el Estado de Tlaxcala en 1892

Distritos	Total de juicios criminales	Juicios verbales		Población (en 1900)
		Total	%	
Hidalgo	157	30	19,1	39 213
Juárez	87	17	19,5	36 056
Morelos	33	8	24,2	18 662
Ocampo	242	19	7,8	20 279
Zaragoza	68	22	32,3	38 650
Cuauhtémoc	28	8	40	19 455

Fuentes: Calderón, Joaquín (dir.), *Memoria de la administración pública del Estado de Tlaxcala* [...], *el 2 de abril de 1893*, pp. 46-66; para el censo de población en 1900, Peñafiel, Antonio, *Censo general de la República mexicana. Estado de Tlaxcala*, México, Secretaría de Fomento, 1902.

Como mencionamos antes, el juicio verbal estudiado aquí generó excepcionalmente dos expedientes, uno judicial en el juzgado de primera instancia de Zaragoza, en una zona limítrofe con el Estado de Puebla, y otro en las oficinas del secretario de Gobierno de Tlaxcala. Su naturaleza extraordinaria nos lleva a un microanálisis en términos de «caso revelador» de mecanismos sociales y de relaciones de poder raramente expuestos ante nuestros ojos. Sin duda, es el caso aquí, ya que nada de lo que está en juego entre las dos principales protagonistas del pleito —la acusadora y la acusada—, es decir, la propiedad de una casa con su solar en uno de los pueblos más pobres del municipio, permite entender el carácter desproporcionado de un conflicto que movilizó a varios jueces, al secretario de Gobierno, al gobernador e incluso al ejército revolucionario. En realidad, esto se explica en parte por un fenómeno bien conocido en la historiografía: el conflicto de jurisdicciones que originó la competencia para definir una jerarquía territorial en constante negociación a lo largo del siglo XIX (véanse pp. 51-68). En este aspecto, la Revolución no creó una situación inédita, sino que enfatizó los conflictos ya existentes y favoreció la implicación de un sinnúmero de actores que, en otro contexto, no se hubieran involucrado en cuestiones jurisdiccionales extremadamente comunes.

Más aún, el contexto revolucionario y el carácter excepcional de la fuente permiten observar en acción dos procesos bien conocidos por quienes han estudiado la justicia de transición, tema que discutiremos en capítulos posteriores (pp. 51-88)[8]. El primero consiste en construir un espacio autónomo para la administración de justicia, en respeto al principio liberal de separación de poderes. Esto se concretó con la extracción de la función judicial de los ayuntamientos —centrándonos en lo que interesa al pleito estudiado aquí—, eliminando la función de alcalde mediante la creación, fuera de la institución municipal, del cargo de juez local. Este proceso fue tardado en México, ya que, aunque esa separación tendría que haberse producido a mediados de los años cuarenta del siglo XIX y estaba inscrita en la Constitución de 1857, se observa que los alcaldes seguían existiendo en Tlaxcala a la caída del Segundo Imperio. En esta entidad hubo que esperar la Ley Orgánica de Tribunales, promulgada el 9 de mayo de 1885, para que se estableciera el organigrama de la administración judicial en cuatro niveles, incluyendo el de juez local, tal como se conocería durante la Revolución. En el desempeño cotidiano de la función de juez, esa separación no era tan evidente por dos motivos. En primer lugar, la elección del juez local se hacía al mismo tiempo que la de los ayuntamientos, teniendo como resultado que los miembros de ambas instituciones pertenecían al mismo grupo, sino político, por lo menos de interés. Este punto queda en evidencia en el pleito aquí estudiado si observamos cómo los principales cargos del Ayuntamiento de Natívitas estaban ocupados por los vecinos del pueblo de Santa Apolonia Teacalco, que buscaban apropiarse de aquel. En otras palabras, lo que las instituciones pretendían separar se encontraba unido mediante las redes de sociabilidad, lo cual promovía estrategias por parte de quienes se ubicaban al margen de estas redes, que consistían, concretamente, en presentar denuncias en un juzgado distinto al que debía tratar el asunto, fomentando así los problemas de jurisdicción.

El segundo motivo que nos lleva a relativizar la realidad de la separación de poderes ha pasado desapercibido hasta ahora en la historiografía y consiste en el hecho de que el juez era también notario. Es un punto clave tanto para entender el juicio verbal que nos ocupa, como también las reivindicaciones revolucionarias de forma más general. La ausencia de producción historiográfica sobre el tema obliga a ser prudentes sobre la posible generalización de las afirmaciones que siguen. Se averiguó, gracias a las fuentes judiciales y notariales, que en los distritos rurales de los Estados de Tlaxcala y de Puebla —posiblemente en el conjunto de la Federación— el juez de primera instancia era también notario, lo cual no mejoró la imagen de la administración de justicia ni su capacidad para resolver conflictos. Esta circunstancia es fundamental para entender la crítica que formularon revolucionarios tan importantes como Emiliano Zapata en contra de los letrados. No es el espacio aquí para desarrollar este punto, así que me limitaré a mencionar algunos aspectos de este asunto. Los jueces de primera instancia debían haber ejercido el oficio de abogados durante un mínimo de tres o cinco años, según la legislación vigente, y como tales solían trabajar para quienes podían pagarles, entre los cuales se encontraban los hacendados, mientras que los campesinos debían solicitar el apoyo del secretario del juzgado y de los tinterillos. En un pleito civil sobre cuestiones de propiedad era habitual presentar actas notariales como pruebas. El juez podía, de esta manera, pronunciar una sentencia a partir de documentos que él mismo había otorgado como notario y ser árbitro en conflictos que podían involucrar a quienes habían sido sus clientes como abogado. Adicionalmente, lo que aparece como un simple acomodo para resolver el problema de la falta de licenciados en derecho para cubrir todos los puestos —en especial en el Estado de Tlaxcala donde los salarios no eran nada atractivos—, favoreció la incursión del poder ejecutivo en el espacio del judicial. En efecto, los jueces de primera instancia debían ser nombrados por el Tribunal Superior del Estado. El Ejecutivo podía aprovechar el hecho de que se encargaba de pagar los salarios para controlar los nombramientos, pero su papel en ese proceso se hizo oficial a partir de la promulgación de la Ley del Notariado, el 14 de diciembre de 1901, que convirtió este cargo en una institución pública —ya se había puesto fin a la venta de estos puestos en 1867— nombrada por el Gobierno. De ahí en adelante, los gobernadores podrían legítimamente meter mano en el nombramiento de los jueces-notarios. En el nivel judicial inferior, o sea, el de juez local ocupado por un juez lego o profano, esa medida tuvo consecuencias, ya que se les abrió la posibilidad de redactar actas de compraventa —después de obtener la aprobación del Gobierno del Estado en cada caso—, que se volvían oficiales solo después de que el juez de primera instancia de su distrito las validara. Se entiende que estas medidas buscaban agilizar el mercado de inmuebles y de tierras, facilitar los trámites a los usuarios y liberar al notario de parte de su carga de trabajo. Sin embargo, el juicio verbal de que disponemos muestra la otra cara de la medalla: la apertura a posibilidades de corrupción y de coacción que complicaron el trabajo de la justicia y fueron un factor multiplicador de los conflictos civiles.

El segundo proceso al que aludimos anteriormente es el de la modernización de la justicia, que se apoyó en la profesionalización de los jueces y promovió la homogeneidad en la aplicación del derecho mediante la promulgación de códigos para los procedimientos tanto civiles como penales en 1885, fecha un poco tardía debido a la creación, también tardía, del Estado Libre y Soberano de Tlaxcala. En efecto, este fue instaurado por los liberales en 1857, después de haber sido un territorio administrado, como el Distrito Federal y la Baja California. El primer Código Civil que se adoptó en el Estado en 1872, solo era una copia del código de estas dos otras entidades y nunca se implementó; hubo que esperar todavía al 30 de junio de 1885 para que se aprobasen nuevos códigos que entraron en vigor el 5 de febrero de 1886. Con estos instrumentos, los jueces profesionales debían aplicar una misma justicia para todos, garantizando así la igualdad de los ciudadanos en derecho, que debía verse reflejada en una motivación transparente de las sentencias. El esfuerzo de modernización se concentró en los jueces de primera instancia, como primer nivel de justicia, en manos de licenciados y profesionales en derecho. Una historiografía basada en fuentes legales como reglamentos, leyes y revistas jurídicas ha concluido, con demasiado apuro, que se produjo una modernización efectiva de la administración de justicia. Sin embargo, los pleitos y los expedientes relativos a la gestión del personal de los juzgados nos pintan otro retrato. Los litigios, como el juicio verbal que se analiza aquí, muestran una circunstancia habitual en tiempos de la Revolución: el puesto de juez de primera instancia estaba vacante y el juez local de la sede de distrito lo remplazaba; o sea, que un juez profano desempeñaba una función que habría debido contar con formación y título en derecho. Si bien es cierto que el contexto revolucionario es en gran parte responsable de la inestabilidad de los puestos en los juzgados, también sabemos que quien hacía gran parte del trabajo allí era el secretario, mientras el juez seguía atendiendo a sus clientes como abogado y ejerciendo su labor de notario, pues estas actividades eran más rentables que su sueldo de juez. Así que, entre la profesionalización prevista en la ley y reglamentos y la que se podía observar cotidianamente en los juzgados, podía existir una diferencia abismal.

El análisis de la fuente: el pleito como «milhojas»

Para llevar a cabo el análisis del pleito, debemos tener en cuenta, en primer lugar, que este se encuentra en el centro de una serie de contextos entrecruzados. Una lectura atenta del expediente y de su complemento en las oficinas del secretario de Gobierno —de la que se da un reporte en el primer capítulo de este libro (pp. 23-36), a través de la narración del asunto en sus etapas sucesivas— permite identificarlos. Para cada contexto se tendrá, después, que decidir sobre la escala de tiempo y geográfica que conviene utilizar si queremos entender las distintas tramas en las que se encuentran los actores individuales y colectivos (en particular institucionales) involucrados, y se determinarán qué categorías de análisis utilizar. En consecuencia, se propone realizar un ejercicio de deconstrucción a partir de la introducción de filtros que la propia fuente nos indica, orientándonos hacia ciertas categorías manejadas en la historiografía. Pese a esta deconstrucción del «milhojas» que conforma el entramado de contextos, un aspecto atraviesa y unifica nuestro análisis: es la atención prestada sistemáticamente a la configuración de los actores y su capacidad para alcanzar posiciones ventajosas. Se asume, por lo tanto, la racionalidad de los actores, sin embargo también se toma en cuenta que el nivel de consciencia de los mismos en cada contexto es variable. El juez lego sabe que requiere del visto bueno del jurista para imponer su punto de vista frente al otro juez, también lego, y actúa en consecuencia; el juez local sabe que tiene la capacidad de movilizar el ejército revolucionario frente al otro juez, etc. Y, de hecho, nadie se imagina que el granito del conflicto por una casa de poco valor acabaría como una bola de nieve, movilizando al gobernador y al ejército. Probablemente, ningún actor tuvo una visión del conjunto ni fue capaz de anticipar los movimientos de los contrincantes. Esta racionalidad limitada de los actores —en gran parte porque no disponen del mismo acceso a la información— es habitual aun dentro de situaciones estables; la Revolución introdujo un margen de incertidumbre mucho mayor, pero que varió en función de los contextos. Veremos, por ejemplo, que la pelea de jurisdicción entre Natívitas y Zacatelco existía desde principios del siglo XIX y probablemente antes, la confusión entre los oficios de juez y de notario empezó ya en el Segundo Imperio y se fortaleció en el porfiriato, mientras que el hecho de ser reconocida propietaria de una casa en Santo Tomás adquirió importancia cuando, a partir de 1915, se convirtió en una oportunidad para obtener tierras, como veremos posteriormente (pp. 23-36).

Conviene ahora aclarar cómo se eligió desarrollar ciertos temas y dejar de lado otros y por qué se descartaron algunas pistas. No fue posible seguir el hilo de la historia de la propiedad disputada por el mismo motivo que impidió a su dueña presentar su título como prueba: el archivo judicial y notarial de Zacatelco fue quemado en 1912 por los zapatistas y el libro que contenía esta acta no se encontraba entre los que se salvaron. Era posible seguir otros hilos que finalmente se descartaron. Me limitaré a mencionar aquí el tema de las formas de solidaridad en el mundo rural tlaxcalteca. En efecto, el pleito empezó después de que dos mujeres que se habían apoyado mutuamente —una con el préstamo de una casa, otra con un préstamo de 300 pesos— se pelearon por la propiedad. Encontré varios expedientes que mencionan casos de solidaridad de distinta índole (préstamo de material, contrato de anticresis, etc.) entre campesinos y que raras veces se recogen en otros tipos de fuentes. Pero esa relación previa al conflicto no ayudaba a entender ni la desproporción del pleito respecto a lo que estaba en juego ni las relaciones de poder que se construyeron a lo largo del mismo. Sin embargo, se debe reconocer que, en este aspecto también, el pleito seleccionado nos adentraba en una realidad poco visible de las relaciones sociales en el campo mexicano.

En vez de eso, se privilegió el criterio jurídico —más conforme a la fuente— y se puso a prueba la relevancia de la categoría de «mujer» desde ese ángulo: debido a que la legislación sobre la herencia y sobre la capacidad de la mujer para adquirir y gestionar un patrimonio, y en particular bienes raíces, se modificó en la segunda mitad del siglo XIX, ese prisma podía servir para entender aspectos del pleito. Este capítulo se construyó como un ensayo de historia experimental, o sea, que se introdujo una categoría para probar hasta dónde era útil para entender las relaciones de poder expuestas en el proceso y hacia qué otros ejes explicativos nos podía conducir. A continuación, se siguió el criterio jurídico para explicar varios aspectos del caso: el conflicto jurisdiccional primero, vinculado con la construcción territorial y administrativa de la región; el problema de legitimidad de los jueces profanos y su papel en una administración de justicia que se buscaba profesionalizar y, finalmente, la reunión de los oficios de juez y notario en una misma persona, y los problemas que esta confusión provocaba en el pleito. Una vez agotado el criterio jurídico y su manifestación en la administración de justicia, se orientó la investigación hacia las relaciones de poder en la región. Estas se expresaban de dos maneras en el conflicto reportado en la fuente: primero, en la intervención del caudillo tlaxcalteca, el general Máximo Rojas, en competencia con el gobernador y, luego, en los intereses de los habitantes del pueblo de Santa Apolonia Teacalco, quienes habían acaparado los principales puestos de Natívitas (el de juez local y de presidente municipal) y utilizaban sus vínculos privilegiados con Rojas para intervenir en el pleito.

Por lo tanto, la naturaleza de la fuente fue lo que guío la estructuración de la obra y no una clasificación en orden de importancia de los diferentes contextos reconstruidos. En otras palabras, como puede observarse en el índice de capítulos, no hay un criterio que tenga un peso más determinante que otro en el pleito, sino que cada cual prevaleció en algún momento del tiempo transcurrido entre la primera entrevista de la demandante con el juez y la última etapa. Si se debe presentar alguna jerarquización, será más bien una conclusión del estudio, a la luz de los resultados del análisis.

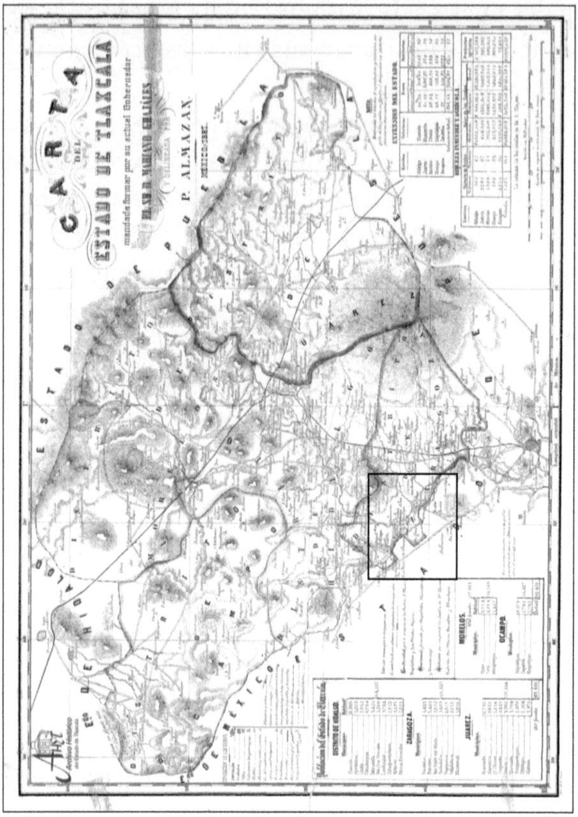

Fig. 1. — *Carta del Estado de Tlaxcala por Pedro Almazán* (AHET, 1881, sin clasificar). DAO: Maxime Guillermo-Sanchez.

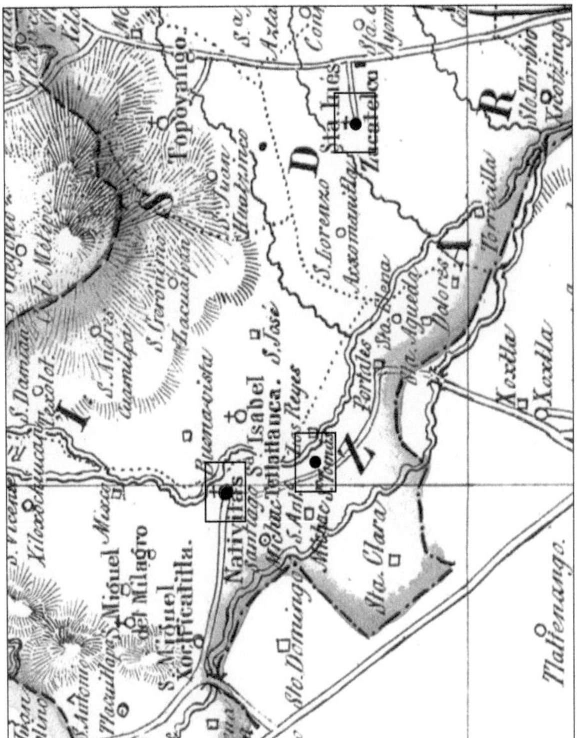

FIG. 2. — Juzgados de Natívitas y de Zacatelco, pueblo de Santo Tomás, detalle del *Mapa del Estado de Tlaxcala*.

El caso: un juicio verbal de 1916

Adentrarse en un juicio es arriesgado. Las versiones se contradicen, carecemos de elementos para valorar unos testimonios respecto a otros y, sobre todo, los pleitos suelen ser el momento culminante de viejas rencillas. Si bien es cierto que ese sería el problema del juez y no necesariamente del historiador, acceder a dichos elementos podría ayudarnos a entender los recursos de cada uno de los actores dentro de la relación de fuerzas que se da en el interior del marco jurídico. La cronología del proceso en sí también importa: cada parte responde a los argumentos o a los últimos movimientos de la parte contraria. Por lo tanto, y antes de deconstruir el pleito, debemos empezar por el ejercicio opuesto, que consiste en atenernos estrictamente al orden cronológico del juicio verbal y en la introducción de los argumentos y la presentación de los hechos. Para más claridad y con el fin de que el lector tenga un punto de referencia donde encontrar la información básica sobre los actores involucrados, se presenta a continuación un cuadro sintético (cuadro 3, p. 24) al que podrá remitirse a lo largo de la lectura.

El 1 de julio de 1916, Rafaela Hernández se presentó ante el juez de Zacatelco, Manuel Hernández —es preciso señalar que se trata de uno de los apellidos más comunes de la región y nada indica una relación familiar entre ambos—, para demandar a Mariana Vázquez por no devolverle la casa y el solar que le había prestado en abril de 1914: «por carecer de casa habitación para

Cuadro 3. — Los actores del pleito

Nombre y apellido	Función en el pleito	Pueblo de origen
Rafaela Hernández	Demandante	Santo Tomás la Concordia
Mariana Vázquez	Demandada	Hacienda de Santa Ana Portales (Natívitas)
Melitón Rojas	Esposo de Rafaela Hernández (ejidatario)	Santo Tomás la Concordia
Desiderio Mejía	Firma por Mariana Vázquez (jornalero de Santo Tomás la Concordia)	Santo Tomás la Concordia
Manuel Hernández	Juez local de Zacatelco, remplaza al juez de primera instancia	Zacatelco
Felipe Piscil	Juez local de Natívitas (de abril a octubre 1916)	Santa Apolonia Teacalco
Luis de Sanpedro	Juez local de Natívitas (a partir de octubre de 1916)	Santa Apolonia Teacalco
Eligio Díaz	Secretario del juzgado de Zacatelco, nombrado ministro ejecutor en el transcurso del pleito.	Zacatelco
Gregorio Tlacuilo	Presidente municipal de Natívitas (de abril a octubre 1916)	Santa Apolonia Teacalco
Manuel Portillo	Presidente municipal de Natívitas (a partir de octubre de 1916)	Santa Apolonia Teacalco
Marcelo Portillo	Coronel del ejército revolucionario, brigada de Máximo Rojas	Santa Apolonia Teacalco
Miguel Reyes	Capitán jefe de armas	San Pablo del Monte
Máximo Rojas	General brigadier. Varias veces gobernador del Estado, agrarista aliado a los constitucionalistas	Papalotla, distrito de Zaragoza
Antonio M. Machorro	Gobernador interino del Estado de Tlaxcala (del 10/07/1916 al 18/04/1917)	Desconocido
Licenciado David Méndez	Licenciado en derecho, secretario general del Gobierno del Estado. Interlocutor de los jueces en el Poder Ejecutivo	Desconocido

vivir en unión de sus hijos». Ante esta situación, Rafaela explica que, como se fue a vivir a la ciudad de Puebla, «se la facilité sin ninguna condición más que cuidara dicha casa». La narración plantea así una relación de amistad y de solidaridad entre dos mujeres, Rafaela, una mujer casada de 32 años y propietaria, y Mariana, una joven viuda de 34 años, con dos hijos y sin un hogar donde vivir. La relación se deterioró cuando, en 1915, Rafaela regresó de Puebla y quiso recuperar su casa para instalarse en su pueblo de origen, Santo Tomás la Concordia, en el municipio de Natívitas, distrito de Zaragoza.

Desde el principio, la lectura del testimonio nos hace presentir una situación más compleja, ya que introduce la duda sobre las capacidades económicas de cada una. En diciembre de 1914, fue Mariana quien prestó a Rafaela unos 300 pesos, una cantidad muy superior al precio de la casa si confiamos en las fuentes notariales de la época. El valor de la misma y de su terreno anexo nunca se precisa en el juicio, pero actas de compraventa de casas en la misma municipalidad muestran que el precio giraba alrededor de los ochenta pesos y, excepcionalmente, rebasaba los cien. Es cierto que existía la tentación de declarar cantidades menores para limitar el costo del impuesto vinculado a la transacción, de modo que, para entender el valor real del préstamo, podríamos tomar como medida el precio de algo importante para el campesino, por ejemplo, el costo de una mula, que oscilaba entre los 40 y 50 pesos según la edad del animal. Aún más habitual era el intento de evadir el odiado impuesto predial que el gobierno pretendía cobrar para todas las fincas cuyo valor rebasara la fatídica cantidad de 100 pesos[1]. Con todo, 300 pesos era una cantidad más que apreciable y que la viuda fue capaz de extender a su entonces amiga. Esta última le entregó la escritura de su casa en calidad de garantía y le dejó cosechar la siembra del terreno que le prestaba, a título de rembolso parcial.

Entre septiembre de 1915, fecha del regreso de Rafaela a Santo Tomás, y julio de 1916 pasaron meses que habrían podido emplearse en la resolución privada del conflicto, pero, por el contrario, la tensión no dejó de crecer. En este periodo, Rafaela y su marido, Melitón Rojas, se presentaron ante el juez local de Natívitas, Felipe Piscil, pero este se negó a intervenir en el asunto, motivo por el que fueron a consultar juntos al juez de Zacatelco, que ejercía de juez de primera instancia, «con el fin de que entre ambas tuvieran un avenimiento a efecto de evitar quizás perjuicios». Mientras tanto, Mariana siguió sembrando el terreno, una forma habitual de apropiación de la tierra, especialmente en una región donde el lema zapatista de «la tierra es de quien la trabaja» era bien conocido. Los campesinos de Natívitas solían utilizar esta táctica para apropiarse de parte de las tierras de las grandes propiedades cercanas y el gobierno recibía numerosas quejas de hacendados que rechazaban pagar las contribuciones sobre terrenos que no podían explotar. Además, Mariana empezó a invertir en la propiedad haciendo obras, otra forma habitual de apropiación. Después de tirar dos árboles, edificó una pared. Estas últimas acciones decidieron a Rafaela a llevar el asunto ante el «juzgado competente para conocer de los juicios verbales, todavía que el interés que se verá no pasa de 100 pesos». Este es el último dato reportado en el expediente del proceso judicial: una orden de desalojo a cumplir en un plazo de tres días, la presentación de Mariana en el juzgado y la devolución de la escritura.

A estas alturas, el juez había cometido algunos errores y las circunstancias favorecían lo suficiente a Mariana para facilitar su respuesta, entregada por escrito el 6 de julio. La primera era evidente, ya que ninguna prueba acompañaba la declaración de la demandante, ni de propiedad, ni contrato de arrendamiento o préstamo. La segunda se relacionaba con el valor del daño, ya que la única cantidad mencionada en el expediente era de 300 pesos, la cual rebasaba el límite que definía la competencia del juez. La duda que introducía ese hecho legitimaba el envío del expediente al Gobierno del Estado para decidir si el juicio debía ser tratado ante el Tribunal del Estado. Así, desde el inicio del pleito se plantearon dos problemas que, por ser difíciles de resolver, favorecieron la ampliación del conflicto: por un lado, la falta de pruebas y, por otro, el cuestionamiento de la competencia del juzgado. La solicitud de pruebas, aunque parezca razonable y básica en un pleito judicial, era en realidad un golpe bajo: como veremos más adelante, el archivo del juzgado de Zacatelco había sido incendiado en 1912 y muy pocos libros de protocolos se habían salvado. En la medida en que Rafaela había entregado su propio ejemplar de la escritura de su casa, no podía presentar ningún documento para respaldar su versión de los hechos. En cuanto a la posibilidad de demostrar el arrendamiento y el préstamo, la existencia de la documentación hubiera sido una verdadera excepción: la solidaridad entre los campesinos se basaba en la confianza y en el hecho de compartir un mismo espacio social en el pueblo. Romper su palabra era exponerse a ser excluidos de las redes de intercambios de favores y bienes. Los vecinos de estos pueblos se prestaban casas, terrenos, herramientas de labranza, animales de tracción, etc., sin que toda esta microeconomía fuera reportada en ningún escrito. Estas prácticas de «economía solidaria» solo llegan a conocerse gracias a la historia oral o, raramente, en las fuentes judiciales cuando las tensiones creadas por la falta de cumplimiento de la palabra de una de las partes no se podían resolver mediante una negociación.

La duda que introdujo la exigencia de pruebas no duraría mucho porque, aparentemente con la ayuda del juez local de Natívitas, Mariana cambió de estrategia y pretendió haber comprado la casa con los 300 pesos prestados originalmente a Rafaela. De esta manera, reconocía la existencia del título de propiedad entregado antes —¿cómo Rafaela podía venderle una casa si esta no era de su propiedad?— y también la del préstamo. Con esta declaración, presentar pruebas ya era irrelevante. Quedaba la cuestión del campo de competencia del juez de Zacatelco. La respuesta de Rafaela del 7 de julio —¿aconsejada por Manuel Hernández?— fue tajante: tan solo se trataba de un asunto de desocupación de la casa, los 300 pesos ya habían sido devueltos y su mención solo servía para contextualizar el conflicto, en cuanto a la casa y el solar no alcanzaban la cantidad de 100 pesos.

Sin embargo, esta respuesta no tuvo las consecuencias esperadas, ya que, el día anterior, Mariana había tomado la iniciativa de enviar una carta al gobernador para protestar contra la acción del juez de Zacatelco. En ella explicaba que:

> [...] se me presentó en mi casa habitación el secretario del Juzgado de mi municipio, acompañado de la señora Rafaela Hernández, y me amonestó para que desocupase mi casa habitación y le entregase a la señora Hernández con las llaves y MIS TITULOS, esto en acatamiento a una disposición del señor Juez de Zacatelco. [...] necesito se digne usted pedirle informe a dicho juez sobre lo particular, para saber de qué se trata, mandando a la vez suspender todo procedimiento, mientras no se vea por esa superioridad si procede legalmente o no dicho juez[2].

Sin saber de esta carta hasta que recibió una copia de ella el 7 de septiembre, Manuel Hernández ya había redactado una providencia de lanzamiento para obligar al desalojo de la casa, solicitando al juez local de Natívitas que cumpliera la orden, «en auxilio a este juzgado y por medio de la fuerza armada». Como era común, este último envió a su secretario. Pero las características propias del juicio verbal ofrecían a Mariana una oportunidad para resistirse: el secretario del juez local no tenía un documento que demostrase la legalidad de su acción. Este argumento formal no debe ocultar lo más importante: Mariana Vázquez pretendía ahora ser la propietaria de la casa, por haberla comprado a Rafaela mediante un acta de compraventa redactada por el juez local de Natívitas. Este no podía emitir una escritura finalizada, ya que el trámite era dominio de los notarios, oficio que desempeñaba el juez de primera instancia. Por lo tanto, el juez local estaba involucrado en el asunto: cuando Piscil envió a su secretario a cumplir con la sentencia del juez de Zacatelco, Mariana ya sabía qué argumento legal utilizar, ya que probablemente el propio Piscil la estaba asesorando (su papel en el caso se verá más adelante).

Manuel Hernández no tardó en entender la situación y amenazó, en una carta del 30 de septiembre de 1916, a su homólogo de Natívitas con librar «orden de aprehensión en su contra por tener parte en el asunto».

Asimismo, el juez de Zacatelco, que, llegados a este punto, tenía la obligación de rendir cuentas al gobernador, redactó un informe donde resumía la situación: Rafaela Hernández quería recuperar su casa que había prestado y

> había ocurrido para tal objeto al Juez de su pueblo, pero nada ha conseguido, por lo que el juzgado de mi cargo citó a la señora Vázquez con el fin de que entre ambas tuvieran un avenimiento, a efecto de evitar quizá perjuicios; y una vez presente la Vázquez expuso: que no podía entregar la casa porque era pobre y tenía familia; y que además tenía como testigo al Juez primero local de Natívitas quien ya le formó un documento de propiedad. Que, en vista de la averiguación y para esclarecer la verdad, fue citado el expresado Juez quien dijo: que efectivamente citó a la Señora Rafaela Hernández para otorgar un documento de venta por anuencia de la señora Mariana Vázquez. A lo que la señora Rafaela Hernández expuso: que en su conciencia sabía que le debía a la Vázquez la cantidad de $300.00 dejándole como en garantía de esa deuda el título que ampara la casa y terreno de la Hernández, mostrándolo desde luego [a] la Vázquez, y que no es exacto que haya citado [a] la demandada para la posesión, ni mucho menos haya dado su consentimiento, de cuya cantidad no otorgó ningún recibo y así lo declaró la Vázquez, y como no tuvieron ningún arreglo se les previno promovieron [*sic*, promovieran] sus derechos a cada uno [*sic*, una] como corresponde y ante autoridad competente. Ahora bien, la señora Rafaela Hernández con fecha 1ro de julio del presente año ocurrió a este de mi cargo en substitución del de primera instancia y promovió en juicio verbal la desocupación de la casa que posee la señora Mariana Vázquez, a quien por acuerdo en forma se le señaló el término de ocho días para que haga la desocupación[3].

El relato de los hechos por Manuel Hernández parece una descripción razonable de la función de los jueces como instancia de mediación y resolución de conflictos: su papel, en primer lugar, era ofrecer una salida negociada y su arbitraje oficial en el marco de un juicio era la consecuencia del fracaso de la negociación. Este fracaso se debía, según su relato, a la existencia de un documento ilegal —un acta de compraventa— otorgada por el juez local de Natívitas. El tono es firme pero todavía amable. Sin embargo, en cuanto el juzgado local de Natívitas cambió para pasar a manos de Luis de Sanpedro, Manuel Hernández ya no contuvo sus acusaciones, explicando que el documento de compra firmado por Piscil era el resultado de «cohecho que le hizo la demandada» (soborno a un funcionario público).

La duda expuesta sobre la legalidad del documento explica que Felipe Piscil recomendara a Mariana Vázquez que no lo entregara, alegando la ilegalidad del procedimiento. Atrasar el cumplimiento del desalojo era una estrategia por parte de este último, que el juez de Zacatelco tardó en entender, al considerar que, para ejecutar la sentencia, siempre podría recurrir al capitán jefe de armas de la plaza. Ahora bien, como veremos más adelante, ¡las fuerzas armadas del lugar estaban vinculadas con los familiares de Felipe Piscil!

El cambio de juez local en Natívitas, en octubre de 1916, no apaciguó la situación. Mariana Vázquez amenazaba —ignoramos quién era su asesor jurídico— con conducir un juicio por propiedad en el juzgado de primera instancia del distrito, «que próximamente se instale», recordando de esta manera al juez local de Zacatelco el carácter efímero de su función. Además, había recibido, mediante la presidencia municipal de Natívitas, una respuesta del gobernador que concluía con la siguiente frase: «quedando por tanto sin efecto las resoluciones que se hayan dictado por el juez de Zacatelco sobre el mismo asunto». Con este recado, el Ejecutivo ya se había instalado como mediador necesario. Manuel Hernández entendió que debía apurar el cumplimiento de su sentencia y decidió encargar ese delicado trabajo a su propio secretario, Eligio Díaz, nombrándolo ministro ejecutor, cargo excepcional en los juzgados de primera instancia, ya que eran los juzgados locales los que debían asumir esta tarea.

Ignorando la carta del gobernador, Díaz, acompañado por el presidente municipal de Natívitas, Manuel Portillo, y por el esposo de Rafaela Hernández, se presentó el 7 de diciembre en la casa exigiendo su desalojo, pero Mariana estaba ausente y fueron recibidos por su hija, la «señora Encarnación Espíritu» —tratamiento sorprendente considerando la edad de su madre— y tuvo que otorgar otro plazo. Sin embargo, la visita no fue en vano, ya que aprovecharon para levantar el inventario de los bienes presentes en la casa, algo que nos permite una mejor aprehensión de los recursos económicos de la viuda. Además de los objetos habituales de cocina (cazuelas, metlapiles, molcajetes, platos, vasos y tazas) y la ropa, había también chiquihuites (cestos) de maíz, un barril, trece botellas vacías y dos cerdos chicos. Esta lista muy escueta de bienes parece indicar que la viuda y sus hijos vivían juntando pequeños recursos provenientes del solar junto a la casa y, seguramente, de otro(s) terreno(s) que explotaban —veremos luego que Mariana había adquirido uno en Santo Tomás Xoxtla—, y que se dedicaban, probablemente, a la venta al menudeo de pulque, como era común en la región (de ahí la presencia del barril y las botellas). Este comercio era un recurso extra para las familias de campesinos y forma parte de las actividades económicas que permanecerían invisibles si no fuera por algunas fuentes judiciales que las mencionan cuando algún evento interrumpe la vida cotidiana. Una amplia investigación de estas actividades podría demostrar que el pulque irrigaba la economía local más allá del caudal de las grandes haciendas productoras y las pulquerías. Este tema ha sido habitualmente tratado desde la mirada moralista de las élites criollas que denunciaban el consumo de esta bebida popular como responsable de la criminalidad. Sin embargo, el análisis de su comercio al menudeo podría confirmar, por el contrario, la hipótesis de que esta actividad daba oxígeno a una economía familiar reducida en un periodo de fuerte inflación, favoreciendo cierta estabilidad social. Pero no nos alejemos del tema: el inventario del ministro ejecutor nos da por ahora pistas para entender de dónde podían provenir los 300 pesos que Mariana prestó a Rafaela.

Entre la primera y segunda visita de Eligio Díaz, Manuel Hernández intentó denunciar ante el gobernador la responsabilidad de Manuel Portillo, presidente municipal de Natívitas, en la falta de cumplimiento de la orden de desalojo, fingiendo de paso ignorar que el Ejecutivo había ordenado la suspensión de la sentencia. El hecho de que tanto este como los dos jueces locales de Natívitas fuesen originarios del pueblo de Santa Apolonia, permitía al juez de Zacatelco alentar sospechas sobre los intereses locales de grupos políticos muy activos de Santa Apolonia, argumento que tomó peso poco después con la intervención del caudillo tlaxcalteca, el general Máximo Rojas.

Cuando Eligio Díaz se presentó por segunda vez en Santo Tomás la Concordia, la resistencia de Mariana Vázquez se apoyaba en un argumento controvertido: no podía entregar sus títulos de propiedad porque, fueran o no válidos (es decir, legales), estos le habían costado dinero. El argumento es sorprendente, pues, en tal situación, no sabemos si se refería a un costo por escritura (aunque el hecho de no haberla inscrito en el Registro Público de Propiedad indica que no pagó el impuesto relativo a la compra) o si era una forma púdica de aludir al pago de un soborno al juez local. Las alegaciones de Mariana demuestran, no solo que el negocio de este con las actas de compraventa complicaba una posible resolución del conflicto, sino que revelan un elemento nuevo que ofrecía suficiente seguridad a la demandada como para poder utilizar semejante excusa. Se trataba de un trámite realizado por el presidente municipal de Natívitas en la oficina de la gubernatura para deslegitimar la sentencia del juez de Zacatelco, por quedar fuera del ámbito de su competencia. Su contrataque iba aún más lejos: en una carta al gobernador, fechada el 8 de diciembre de 1916, pretendía que Manuel Hernández era incompetente, no solo porque el asunto debía encontrar una solución en el juzgado local de Natívitas, sino también porque Rafaela Hernández y el juez de Zacatelco, eran parientes. El hecho es difícil de comprobar: como ya se mencionó, Hernández era un apellido de lo más común y los tlaxcaltecas rara vez conservaban su apellido materno, lo que complica la elaboración de genealogías. En todo caso, el argumento no parece que llegara a convencer ni al secretario de Gobierno ni a Manuel Hernández, que más bien lo vieron como una forma desesperada de responder a la acusación de soborno sobre Felipe Piscil, juez local de Natívitas.

El asunto no se quedó ahí: el 3 de enero de 1917, Eligio Díaz volvió a presentarse ante Mariana Vázquez, esta vez acompañado por Florentino Grande, escribiente del juzgado de Zacatelco, y con dos soldados de Natívitas para llevar a cabo el desalojo. A pesar de esta demostración de fuerza, Mariana seguía negándose a obedecer, amparada por la carta del gobernador. Díaz y Grande no tuvieron otra opción que regresarse a Zacatelco y, ya en el camino, cerca del pueblo de Santa Isabel Tetlatlahuca, ambos fueron arrestados por «cuatro soldados mandados por el Capitán Ciudadano Miguel Reyes, destacamentado en Natívitas; cuya orden ya se le remite original al ciudadano General Brigadier Don Máximo Rojas para lo que haya lugar». La orden de arresto se fundamentaba en un motivo habitual: el de abuso de poder de funcionarios públicos, o «delitos de amagos».

En ese momento, la disputa ya había llegado demasiado lejos y la oficina del gobernador estaba obligada a intervenir, aunque no sería fácil. El arresto había sido realizado por soldados de Máximo Rojas, hombre fuerte del Estado, varias veces gobernador y aspirante para asumir de nuevo el cargo. Paralelamente, Mariana Vázquez seguía presentando nuevos argumentos legales ante dicha oficina. Esta vez acusó directamente a su contrincante de recibir la asesoría de un «tinterillo», algo que era ilegal desde un decreto votado por los diputados de Tlaxcala poco antes de la Revolución (Decreto 31 sobre tinterillos o agentes intrusos del 19 de enero de 1910):

> Al ver la señora mi contrincante que no consiguió nada de lo que pretendía, dirigida por cierto tinterillo que ha logrado sugestionar al propio juez de Zacatelco, como lo demuestra el hecho de ser su director intelectual y material en el despacho de los negocios que se ventilan en el tribunal de su cargo, promovió la desocupación de la casa alegando no haber celebrado contrato ninguno de transmisión de propiedad sino solo estará en mi poder en calidad de empeño por lo que consignaba la cantidad de 300 pesos.

Su posición de juez profano a cargo de un juzgado de primera instancia debilitaba a Manuel Hernández quien, vista la situación, escribió a la oficina del gobernador, al mismo tiempo que redactó una carta dirigida a Máximo Rojas. En la primera explicaba que su sentencia de desalojo era legal, tal como había verificado con un jurista letrado, y no cualquiera, sino con el licenciado David Méndez, el propio secretario general de Gobierno, es decir, ¡el brazo derecho del gobernador en funciones! Al no existir un juez letrado de primera instancia que arbitrase, Hernández había tenido que buscar un sustituto. Para ello, no recurrió, como era usual, al Tribunal Superior del Estado, cuyo personal no siempre estaba en buenos términos con el Poder Ejecutivo ni con el juez de primera instancia del distrito cercano de Hidalgo, sino que se había dirigido a la propia oficina del gobernador. En su segunda carta, Hernández, mediante argumentos legales y dando a entender en términos diplomáticos que sería en beneficio de su carrera política, instaba a Máximo Rojas a que, «puesto que se trata de trámites civiles», ordene a «las fuerzas de su digno mando a fin de que se abstengan en interrumpir diligencias judiciales». En un momento en que los constitucionalistas, con los que Rojas se había aliado, estaban a punto de promulgar la Constitución (el 5 de febrero de 1917), conseguir que los militares respetaran los poderes legalmente establecidos era una necesidad que rebasaba los intereses locales.

Una vez reconocida la «frivolidad» de la argumentación legal emitida por el juez local de Natívitas por una autoridad en materia de derecho, solo le quedaba a Hernández acabar de desacreditar a la demandada, haciendo notar en una carta al licenciado David Méndez, del 8 de enero de 1917, que si ella «tuviera derecho para oponerse de la desocupación de la casa, ya se hubiera apersonado en el juicio en la forma legal, como se le ha prevenido que se presente a deducir como corresponde si algún derecho tiene y no para seducir a las autoridades de Natívitas». La acusación era lo suficientemente amplia y subjetiva para no tener que ser demostrada —al contrario de la anterior denuncia de soborno— y parecía confirmada por la desproporción que había tomado el caso con las reacciones tanto del juez local de Natívitas como del presidente municipal. El gobernador necesitaba cerrar el asunto de una manera políticamente conveniente en un contexto nacional en el que se buscaba afirmar la estabilidad de los poderes a través del respeto a las instituciones, de modo que, el 13 de enero, empoderó al juez local de Zacatelco, afirmando que este era competente para juzgar del caso «en virtud de que aún no se restablece el Juzgado de 1ra instancia en aquel distrito». Este arbitraje puso fin al asunto.

Frente a la pérdida de apoyo del Ejecutivo, Mariana Vázquez decidió repetir su amenaza de iniciar un proceso en el juzgado de primera instancia de Hidalgo, con el fin de que se reconociera su propiedad de la casa y el solar de Santo Tomás. No hemos encontrado rastro de ese pleito (ni mención alguna en el ramo de Justicia y Gobernación del Archivo Histórico del Estado), pero la falta de clasificación del archivo judicial correspondiente a estos años no permite asegurar que renunciase a promover ese nuevo juicio. Los costos legales —en 1932 el juzgado cobraba 25 pesos tan solo por revisar un expediente— constituían una poderosa barrera a la hora de acceder a la administración de justicia[4]. Pero tampoco la falta de letrados debe ser menospreciada. En una carta dirigida al gobernador, Mariana Vázquez mencionaba un intento de registro de su compraventa en el distrito de Cuauhtémoc, pero ¡allí también el puesto estaba vacante y ocupado por el juez local de Apizaco! De hecho, para el año 1916, solo pudimos identificar un juez de distrito titulado, en Huamantla, distrito de Juárez: el licenciado Gabriel Castillo, que habría ejercido durante al menos cuatro años durante el porfiriato (de 1903 a 1906 incluidos). En consecuencia, nuestro caso parece haber sido zanjado no tanto por la primacía de un juez o una jurisdicción sobre otra, sino, más bien, por la imposición de una lógica judicial sobre el Ejecutivo, aprovechando un corto momento en que este se encontraba tironeado entre un gobernador en horas bajas y un caudillo poderoso, y gracias a la presencia de un jurista en el puesto clave de secretario de Gobierno.

Hasta allí llega el relato del juicio. Este nos proporcionó pistas para la investigación que vamos a seguir, en un proceso de deconstrucción sistemática, de contextualización y de comparación con otros pleitos de la época.

Dos mujeres y un pleito sobre propiedad

Une utopique revue d'histoire expérimentale tiendra la rubrique «Fausses pistes».
Daniel S. MILO[1]

Las dos principales protagonistas del juicio son dos mujeres que se disputan la propiedad de una casa con un solar ubicados en su pueblo de Santo Tomás la Concordia. Más que plantear aquí la categoría de mujer como un prisma previo y evidente a la hora de analizar el pleito, proponemos someterla al experimento en estos términos: ¿la validez de la utilización de esta categoría resiste o no a la experiencia social de los actores en el marco del juicio verbal? ¿Cuál es su límite o hasta dónde nos sirve para entender esta experiencia?

Para contestar a estas preguntas, empezaremos por revisar la historiografía sobre el acceso de la mujer a la propiedad. Esta se focaliza, esencialmente, en la evolución de la legislación y nos proporciona así un marco jurídico claro sobre la situación de Rafaela Hernández como propietaria de un bien inmueble. Podemos hacer la distinción, dentro de este marco, entre la propiedad heredada y la propiedad adquirida por la mujer, tomando en cuenta el estatus de esta: soltera, casada o viuda. Respecto a la herencia, el México independiente conservó en un primer momento la legislación colonial, que solo autorizaba a disponer de un quinto de los bienes con libertad, mientras lo demás se debía repartir entre todos los hijos.

Esto cambió con el código de 1884, donde se introdujo la libre testificación. La única obligación consistía entonces en asegurar una pensión alimenticia a los hijos menores, a los que padecían alguna discapacidad y a las hijas solteras, bajo la condición de que tuvieran una buena conducta. Como subraya Silvia M. Arrom, ese nuevo marco legal dejaba a las hijas desprotegidas, especialmente porque la dote había sido suprimida por el Código Civil del Segundo Imperio, y se había ratificado en los códigos posteriores. De modo que, en caso de enviudar, la mujer ya no tenía la garantía de recuperar la dote que su marido había administrado.

Respecto a la adquisición de bienes inmuebles y su administración, los códigos civiles de 1870 introdujeron un cambio para las mujeres casadas, ya que, desde esa fecha en adelante: «El dominio y posesión de los bienes comunes reside en ambos conyugues [*sic*] mientras subsiste la sociedad»[2]. En concreto, esto significaba que el marido requería del consentimiento de su mujer para obligar o enajenar los bienes raíces adquiridos durante el matrimonio, condición que no se extendía a los bienes muebles. La mujer, en cambio, necesitaba el consentimiento de su marido para administrar todo tipo de bienes. Esta desigualdad entre sexos es también evidente en el caso de los solteros, ya que las mujeres permanecían bajo la *patria potestas* hasta los 30 años —o sea, nueve años más que sus hermanos— y solo adquirían la capacidad de llevar a cabo actos jurídicos sin licencia del padre a partir de los 25 años. Por último, las casadas tuvieron que esperar hasta la promulgación de la Ley de Relaciones Familiares de abril 1917 para poder extender contratos, participar en demandas legales, gastar fondos familiares, etc. Arrom concluye que «los pocos derechos que adquirió la mujer fueron acompañados por una pérdida de protección», una característica propia del paso desde una concepción del derecho propia del Antiguo Régimen, basada en la desigualdad y la protección, hacia un concepto liberal menos protector —aunque no desconoce este principio cuando, por ejemplo, se ocupa del estatus de indigente— y construido alrededor de los derechos individuales, especialmente a la hora de decidir sobre la transmisión del patrimonio. Dicho esto, las investigaciones citadas se centran en la legislación que enmarca la redacción de los testamentos y, por lo tanto, dejan completamente de lado el hecho de que la mayoría de los pequeños campesinos, propietarios de pequeños lotes, solían morir intestados. En ese caso, la herencia debía legalizarse mediante un pleito civil en el que se tomaban en cuenta tanto a los hijos como a las hijas, además de los intereses de las viudas. En realidad, entre las clases populares la nueva legislación solo tuvo un impacto marginal.

El estudio del marco legal permite poner en evidencia la visión y el proyecto del legislador y, hasta cierto grado, la actitud de la sociedad hacia la mujer. Su evolución reciente avala la relevancia de la introducción de la categoría de mujer a la hora de analizar el pleito entre Rafaela Hernández y Mariana Vázquez. A la luz de esta normativa, se entiende que la casa y el terreno objetos de la pelea debieron de llegar a manos de Rafaela, bien por herencia —lo más probable—, bien por compra, y que necesitó el visto bueno de su marido para iniciar el pleito, como indican los documentos donde aparece la firma de este último, acompañada de la fórmula «no sabe firmar», relativa a su esposa. En cuanto a Mariana, su estatus de viuda y jefe de hogar no le favorecía en la medida en que el matrimonio no le había dejado propiedad.

Ahora bien, detenerse aquí conllevaría el riesgo de sacar conclusiones anticipadas: la ausencia de protección legal no significaba el abandono de la mujer a su suerte; el hecho de que los padres ya no tuviesen la obligación de repartir su patrimonio entre la totalidad de sus hijos tampoco les obligaba a privilegiar al hijo varón. Así pues, debemos observar la relación entre mujer y propiedad en casos concretos, para entender si Rafaela se encontraba en una situación excepcional de propietaria heredera. El trabajo comparativo de Deere y León[3] sobre el acceso de la mujer a la propiedad de bienes inmuebles en América Latina a principios del siglo XXI, afirma claramente que la evolución generalizada hacia un modelo liberal del derecho no provocó las mismas consecuencias prácticas en todos los territorios observados. En 2000, el 22,4 % de las tierras de más de cincuenta hectáreas estaban en manos de mujeres en México, por tan solo el 11 % en Brasil y el 12,7 % en Perú. La comparación de las formas de adquisición de tierras también nos incita a distanciarnos del marco jurídico, ya que, en México, el 84 % de las propiedades de las mujeres les habían sido transmitidas por herencia (un 44,7 % en el caso de los hombres), mientras la parte de adquisición por compra solo representaba el 8 % (12 % para los hombres)[4]. La escala macro escogida por las autoras no resuelve la pregunta que planteamos al principio respecto a la pertinencia del uso de la categoría de mujer en nuestro análisis: por un lado, muestra que la relación con la propiedad inmueble presenta una fuerte diferenciación en función del sexo y, por otro lado, demuestra que el marco jurídico que privó en México a la mujer de una protección respecto a la herencia no tuvo como consecuencia su desplazamiento en cuanto a la transmisión de bienes. Por lo tanto, es hora de comprobar si una reducción de escala nos permite aclarar este aspecto del pleito.

El pueblo de Santo Tomás la Concordia está ubicado en el valle de Natívitas, bordeado por los ríos Atoyac y Zahuapan, donde las tierras solían ser muy fértiles y donde se había implantado un sistema de pequeña propiedad. Uno de los orígenes del microfundio fue el fraccionamiento de partes de haciendas y ranchos mediante la venta por lotes a campesinos de los pueblos cercanos. Para medir la capacidad de acceso de las mujeres de esta zona a la propiedad, observaremos el proceso de fraccionamiento de un rancho y de una hacienda en 1896.

El fraccionamiento de una parte del rancho de San Miguel Teopanzalco en 281 lotes vendidos a 183 compradores del pueblo de Santa Apolonia Teacalco empezó en 1831 y terminó en 1896[5]. La primera etapa consistió en una venta a un grupo de campesinos accionistas constituidos en una sociedad agrícola. Esta forma legal —notemos de paso que se adoptó antes de la desaparición de la figura jurídica de «pueblo» con las Leyes de Reforma— sirvió para facilitar el financiamiento de la compra, estrategia común que se repetiría en los fraccionamientos de otras propiedades medianas y grandes de la región en la segunda mitad del siglo XIX. Una vez concluido el pago de la suma completa, 7 000 pesos en este caso, se levantaba el acta de las ventas individuales, poniendo fin a la sociedad. Debido al tiempo transcurrido, los que recibieron los lotes de tierra en 1896 eran herederos de los accionistas originales, a excepción de uno que compró sus acciones a un campesino que se retiró de la sociedad. Entre los 186 compradores se encontraban 57 mujeres, o sea, el 32 %, con importantes diferencias en función de las familias, lo cual tiende a mostrar que el acceso de las mujeres a la propiedad dependía tanto de la capacidad económica como de la composición familiar. El número de lotes que cada mujer podía comprar era de 1,45 (1,57 para los hombres) y el precio promedio era de 21,53 pesos por lote (26,32 pesos para los lotes comprados por hombres).

La redacción más precisa del acta de compraventa de las fracciones de la hacienda del Rosario nos informa mejor sobre las vías de acceso de las mujeres de la región a la propiedad. Allí, los 992 lotes se repartieron entre 123 compradores del pueblo de Santa Ana Nopalucan, entre los cuales se encontraban 24 mujeres, y el proceso se extendió de 1885 a 1896. De las veinticuatro mujeres que adquirieron tierras en esta ocasión, siete lo hicieron por ser herederas de su padre, hijo o esposo, es decir, por ausencia del hombre. Dos de ellas heredaron incluso la posición de mediador ocupada originalmente por cinco hombres del pueblo que habían sido los intermediarios entre el hacendado y el conjunto de los compradores (cuadro 4). El porcentaje de herencia no parece tan alto y, sin embargo, solo un hombre de los noventa y nueve heredó los lotes que correspondían al valor de las acciones de su padre difunto[6].

Cuadro 4. — Mujeres propietarias de fracciones de la hacienda del Rosario, 1896

Nombre y apellido	Adquisición por	Nº de lotes	Valor de los lotes (en pesos)
Mª Cecilia Ánimas	Compra	11	54,95
Mª Juliana Cervantes	Compra	8	62,50
Mª Cristina Corona	Compra	9	54,90
Mª Juana Estrada	Herencia de Lázaro Ramos	10	45
Mª Dominga Flores	Compra	2	50
María de la Luz Hernández	Herencia de Avelino Hernández	8	27,50
Mª Inés Hernández	Compra	9	31,50
Mª Juana Hernández	Compra	7	26
Mª Ascensión Herrera	Herencia de Pascual Vázquez	12	41,50
Mª Luciana Maravilla,	Compra	4	49,96
Mª Luciana Maravilla*	Herencia de Pablo Muñoz (esposo)	3	49,87
Mª Marcelina Maravilla	Compra	8	31,81
Natividad Moreno	Compra	9	Sin datos
Mª Cristina Nazario	Herencia de José María Vázquez	9	35
María Ocotlán Cervantes	Compra	7	45,80
Mª Desideria Ocotlán	Compra	7	24
Mª Juana Ortega	Compra	4	22,50
Mª Juana Pérez	Compra	6	27,45
Mª Brígida Romero	Compra	10	27,25

Mª Refugio Romero	Compra	11	27,04
Mª Rosario Romero	Compra	8	57,50
Mª Tomasa Romero	Compra	8	41
Mª Dolores Susano	Herencia de José Guadalupe Susano (hijo)	4	29,98
Mª Dolores Susano*	Herencia de Juan Susano	6	38
TOTAL		180	901,01

*Mujeres que heredaron también el papel de mediador.

FUENTE: *Copia simple del testimonio de la escritura de división de una fracción de terreno que perteneció a la hacienda del Rosario, otorgada por varios vecinos del pueblo de Santa Ana Nopaluca* (Archivo General de Notarías del Estado de Tlaxcala [AGNT], Distrito de Hidalgo, 1896).

El acta es suficientemente detallada para ir un poco más lejos en el análisis. Los 992 lotes fueron vendidos por 5 000 pesos, lo cual representa un promedio de 5 pesos por lote, el mismo que encontramos en el precio de las fracciones compradas por las veinticuatro mujeres de Santa Ana Nopalucan. Adicionalmente, sabemos que el número promedio de lotes comprados por los hombres era de 8,2, y el de las mujeres de 7,5, de modo que, en proporción, la relación cualitativa de las compras (número de lotes y precio) es muy cercana a la de las fracciones del rancho de Teopanzalco.

En resumen, la ausencia de hombres favorecía el acceso de las mujeres a la propiedad por medio de la herencia, aunque la adquisición directa era allí el recurso más utilizado. Las nuevas normas jurídicas no aparecían como un freno para alcanzar el estatus de propietaria: es más probable que la falta de ingresos fuera un obstáculo más poderoso. Una vez organizada la compra, la mujer no se quedaba muy atrás, ni en el número de fracciones adquiridas ni en la calidad de las tierras, a juzgar por su precio. Por lo tanto, nos encontramos de nuevo, en este caso, con cierta ambigüedad a la hora de responder la pregunta planteada al principio: ¿hasta dónde la categoría de mujer es pertinente para entender el contexto y la configuración de los actores del pleito civil? Cuando el nuevo marco jurídico liberal ofreció la libertad de decidir la forma que debía adoptar la trasmisión del patrimonio, abrió la puerta a la posibilidad de privilegiar al hijo varón; sin embargo, observamos que una minoría importante de mujeres seguía recibiendo parte de las herencias inmuebles y no perdían oportunidad de comprar más. Adicionalmente, las transacciones masivas de pequeña y mediana propiedad ocurridas durante los fraccionamientos muestran que, más que el género, era la lógica familiar la que organizaba la estrategia de compra. Los lotes eran reducidos. La superficie que se repartió del rancho de Teopanzalco era de 4 caballerías, o sea, unas 171 hectáreas, lo cual no permitía más que la compra de unas pocas hectáreas por persona y unos 6085 m^2 por lote vendido. Allí, como en la hacienda del Rosario, los familiares se organizaron para comprar lotes colindantes para facilitar su explotación. La familia Maravilla, que compró nada menos que 56 fracciones de la hacienda, consiguió que 35 de ellas tuvieran por lo menos un vecino de la familia, lo cual representa el 62,5 %. De esta forma, constituyeron varios pequeños bloques que podían unir hasta siete terrenos. Es importante subrayar que estos cálculos son de mínimos: se basan en los apellidos de los individuos, eligiendo los menos habituales (evitamos por ejemplo a los Hernández por ser el apellido más común de la región), y teniendo en cuenta que no se mencionan nunca los apellidos maternos. Por otra parte, la ausencia de registros matrimoniales también reduce, probablemente, la tasa de colindancia de los terrenos dentro de estrategias familiares de explotación. Encontramos el mismo fenómeno, de forma sistemática, entre las familias que invirtieron masivamente en esas compras, sea cual sea la hacienda o rancho. Siguiendo en la del Rosario, los Romero compraron un total de 68 fracciones entre 8 individuos: 31 colindaban con un terreno de otro Romero, es decir, el 45,6 % —tasa otra vez subestimada por falta de información sobre las alianzas matrimoniales—, con un agrupamiento máximo de seis terrenos. No es arriesgarse demasiado suponer que estas formas familiares de apropiarse y explotar la tierra favorecieran la organización familiar de las guerrillas revolucionarias tlaxcaltecas que mencionó Raymond Buve. Después de todo, de una propiedad conjunta a reivindicaciones agrarias organizadas, solo hay un paso[7].

Así pues, si la categoría de mujer es útil para reconstruir el contexto jurídico del pleito, es necesario inscribirla dentro de la estructura familiar para entender el contexto socioeconómico de los pequeños campesinos de la región. La propiedad de la mujer es relevante en la medida en que se ubica dentro de una estrategia familiar de apropiación y de explotación de la tierra. Reduzcamos una vez más la escala para centrarnos únicamente en Rafaela Hernández. En ausencia de información sobre los propietarios de los terrenos colindantes, no sabemos si su propiedad se integraba en este tipo de esquema. En cambio, el pleito nos informa que Rafaela se había ido a vivir a la ciudad de Puebla y había regresado a Santo Tomás la Concordia en septiembre de 1915 con la esperanza de recuperar su casa y el terreno anexo prestados desde abril de 1914. Esta fuente no da más detalles sobre su caso particular, pero el expediente que presentó el pueblo de Santo Tomás ante las comisiones local y nacional agrarias para solicitar una dotación de tierra, nos permite entender mejor tanto la salida de Rafaela a Puebla como su regreso en esa fecha y su necesidad de asentarse como residente en el pueblo.

El informe del ingeniero encargado de verificar la necesidad de las tierras pinta un retrato poco alentador la situación:

> El pueblo de «La Concordia» se fundó en el año de 1530; es el mismo que anteriormente fue conocido con el nombre de «Santo Tomás Xoxtla», situado en la margen derecha del río Zahuapan, y que por haberse inundado su fundo en el año de 1887, por el desbordamiento de las aguas del referido río, fue desalojado por sus habitantes, quienes por orden del C. Gobernador

> del Estado pasaron a los suburbios del pueblo de Natívitas, y en un sitio de 24Ha 27A 37Ct de superficie construyeron sus casas formando el pueblo de «la Concordia». De esta superficie les fue quitada más tarde por los vecinos del pueblo de Natívitas un lote que mide 15Ha 67A 50Ct.

El ingeniero agregaba que la falta de tierra había causado «la emigración de varias de sus familias y el malestar de las que aún permanecen allí», dado que el ejido del pueblo, constituido por el antiguo fundo de Santo Tomás Xoxtla, ya se había repartido entre los vecinos y apenas rebasaba la superficie de 39 hectáreas. Esto puede aclarar la procedencia del terreno de Rafaela y los motivos de su salida a Puebla donde las oportunidades de trabajo no faltaban. Para entender su regreso, se debe tomar en cuenta un actor poco presente en el juicio: Melitón Rojas, su marido. En efecto, el nombre de Rafaela Hernández no figura en el expediente de dotación de tierras, que solo menciona a los jefes de familia susceptibles de recibir ejidos. En la lista de los ejidatarios potenciales, encontramos a Melitón Rojas y a Mariana Vázquez, que aparece como viuda.

Ahora situemos el pleito en la cronología de la aplicación de la reforma agraria en Santo Tomás. El primer documento judicial tiene fecha de 1 de julio de 1916. La Ley Agraria se promulgó el 6 de enero de 1915 y los pueblos organizaron enseguida sus comités particulares para armar los expedientes. El informe citado del ingeniero es del 7 de noviembre de 1916, pero en él se precisa que es necesaria una ampliación de la dotación porque el ejido ya dado a Santo Tomás tan solo había alcanzado para cubrir las necesidades de nueve familias. O sea, que Melitón Rojas y su esposa Rafaela ya se habían perdido la primera distribución de ejidos y necesitaban residir en el pueblo para tener oportunidad de formar parte de la lista de nuevos ejidatarios, objetivo que alcanzaron. Por lo tanto, para entender lo que está en juego para los actores involucrados en el pleito, es necesario tomar en consideración la estrategia de la pareja y no solo de la demandante, puesto que así lo exigía el marco jurídico: la mujer gestionaba sus bienes —ante el juez si era necesario— pero su marido era quien dirigía los intereses de la familia; si el bien de ella permitía el incremento del patrimonio de ambos, entonces la escala individual y la familiar se entrecruzaban y deben tomarse en cuenta para reconstruir los contextos en los que el pleito se desarrolló.

¿Cuál era la posición de Mariana Vázquez respecto a la oportunidad de obtener ejidos? Lo vimos, como viuda era «libre de ajena administración»[8]. Pero sus derechos para solicitar un ejido podían ponerse en duda. Cuando, en 1911, compró por 40 pesos un terreno rústico ubicado en Santo Tomás Xoxtla, el notario apuntó que era «originaria y vecina de la hacienda de Santa Ana Portales», ubicada en el municipio de Natívitas. Ahora bien, la Ley Agraria precisaba que solo los vecinos de los pueblos tenían derecho a recibir ejidos y, de hecho, varias solicitudes presentadas fuera de este marco fueron descartadas o por la Comisión Local Agraria o por las autoridades judiciales. Por lo tanto, en esa fecha de 1916 más que nunca, Mariana Vázquez necesitaba conservar su residencia en el pueblo. No solo había conseguido estar inscrita en la lista de los ejidatarios sino que había obtenido durante el pleito el apoyo de Desiderio Mejía quien, en 1920, aparecía como vocal en el Comité Particular Administrativo encargado de constituir el expediente de solicitud y de implementar, a continuación, la decisión de la Comisión Nacional Agraria, organizando la repartición de los terrenos.

Si la oportunidad de obtener un ejido en el proceso de ampliación de la dotación de tierras era en cualquier caso un buen motivo para regresar al pueblo —y lo fue para varios vecinos de Natívitas, como demuestran las rectificaciones que los comités tuvieron que hacer a los padrones que entregaron a las comisiones agrarias—, para los vecinos de Santo Tomás el aliciente era aún mayor. Como veremos en el cuadro siguiente (cuadro 5), este fue el pueblo que, en la municipalidad de Natívitas, obtuvo más tierras (500 hectáreas), ya consideremos las cifras brutas o las relativas en función del número de habitantes y familias.

Cuadro 5. — La reforma agraria en Natívitas

Pueblo	Fecha de solicitud	Acción	Fecha de resolución gubernamental	Superficie concedida	Fecha de resolución presidencial	Superficie concedida	Número de	
							habitantes	familias
Santo Tomás la Concordia	03/11/1916	Ampliación de dotación	31/07/1917	500 ha	15/11/1917	500 ha	488	166
Santa Apolonia Teacalco	18/06/1917	Dotación	29/11/1917	370 ha	13/01/1921	161 ha	1 184	368
San José Atoyatenco	04/05/1917	Dotación	27/11/1917	99 ha	13/03/1921	163 ha, 59 a	576	159
San Miguel del Milagro	09/03/1917	Dotación	14/11/1917	153 ha	13/08/1920	349 ha	Sin datos	153
San Rafael Tenanyecac	02/01/1917	Dotación	19/10/1917	171 ha	31/10/1918	342 ha	555	171
Santiago Michac	30/04/1917	Dotación	16/01/1918	Sin datos	26/08/1920	346 ha	Sin datos	301
San Vicente Xiloxochitla	28/14/1917	Restitución y dotación	17/12/1917	62 ha	13/08/1920	225 ha	537	150
San Miguel Xochitecatitla	Sin datos	Dotación y ampliación	Sin datos	370 ha	18/09/1919	100 ha	797	Sin datos
Santa María Natívitas	Sin datos	Dotación	28/05/1921	277 ha, 36 a, 55 ca	Sin datos	Sin datos	319	72
San Bernabé Capula	Sin datos	Dotación	02/08/1923	0	07/08/1924	58 ha	204	56
Analco	10/09/1921	Dotación	21/11/1923	56 ha	26/06/1924	112 ha	193	56

Fuente: AHET, Ref-Ag, expedientes de cada pueblo (sin clasificación).

Así, los vínculos de solidaridad que se habían tejido entre las dos mujeres y que llevaron a Rafaela a prestar su casa a Mariana, y a Mariana a prestar 300 pesos a Rafaela, se quebraron cuando la posesión de la casa y de su solar se convirtieron en un requisito para aspirar a formar parte de la lista, todavía corta en 1916, de los beneficiarios de la reforma agraria recién votada. Esto, sin duda, explica por qué el conflicto no se podía resolver con una simple negociación, sin la intervención de la administración judicial. Sin embargo, no permite entender la desproporción que tomó el asunto. Para esto, faltan varias etapas y la primera será estudiar cómo se construyó el conflicto de jurisdicción entre los dos juzgados involucrados: el de Natívitas y el de Zacatelco.

Conflicto de jurisdicción y de legitimidad

Si bien la importancia que tomó la disputa, por un asunto originalmente sencillo y que debía encontrar una solución negociada, reviste nuestro caso de un carácter excepcional, no debemos perder de vista su normalidad. Recordemos que esta no se entiende en términos de representatividad estadística, sino por su capacidad para revelar la construcción social de las normas que imperan en un determinado tiempo y lugar. Estas se pueden apreciar tanto en ciertos aspectos concretos del funcionamiento de las instituciones como en las estrategias de los actores. Empezaremos por analizar la cuestión más visible en el pleito, el conflicto jurisdiccional entre los dos jueces locales de Natívitas y de Zacatelco, antes de adentrarnos en el problema, más complejo a nuestro juicio, de competencia y de legitimidad entre jueces letrados y profanos. En ambos casos es necesario ubicar nuestro análisis en un marco cronológico amplio, que comenzaría con los cambios introducidos por la Constitución de Cádiz en el orden territorial y en la administración de justicia que se pretendía modernizar.

La cuestión territorial

La historiografía tiende a subrayar la situación peculiar en la que Tlaxcala se encontraba, tanto por su excepcionalidad, normada desde las ordenanzas municipales de 1545, debido a la contribución de los tlaxcaltecas a la conquista española, como por la instauración de un gobierno político-militar a partir de 1793[1]. Las primeras formalizaron un cabildo indio en la ciudad de Tlaxcala, con sus cuatro señoríos; el segundo permitió al territorio escapar del control ejercido desde la ciudad de Puebla, que pretendía integrar la provincia de Tlaxcala en su intendencia bajo el estatus de subdelegación. Los gobernadores militares eran jueces de primera instancia en los pleitos civiles y criminales entre españoles y entre indios y españoles, mientras que los alcaldes de las cabeceras de partido se encargaban de la conciliación y de los juicios verbales. Sin embargo, como demostró Víctor Gayol en su análisis de un tumulto que ocurrió en el pueblo indio de San Bernardino Contla en 1803, el gobernador militar también llegaba a intervenir eficazmente como árbitro en asuntos que no involucraban a españoles. La Constitución de Cádiz modificó este ordenamiento territorial. La ciudad de Tlaxcala vio su jurisdicción reducida cuando se decidió, en 1812, que cada una de las siete cabeceras de partido tuviera un juez de primera instancia. Estas cabeceras eran entonces Tlaxcala, Apizaco, Natívitas, Chiautempan, Ixtacuintla, Tlaxco y Huamantla. Como ya se sabe, la Constitución modificó la organización territorial profundamente, ya que multiplicó el número de municipios, autorizando a los pueblos de más de 1 000 habitantes a tener su propio ayuntamiento, norma que más tarde, en el México independiente, se fue modificando para limitar el peso político de los pueblos indios. El número de habitantes requerido aumentó a 4 000, aunque los pueblos que perdieron su ayuntamiento conservaron jueces propios para ejercer como conciliadores. Pero esto último rebasa por el momento nuestras necesidades de contextualización para entender el pleito.

Ya mencionamos los dos elementos que van a orientar la historia de los conflictos jurisdiccionales tlaxcaltecas durante buena parte, si no es que todo, el siglo XIX: la pérdida de la exclusividad que disfrutaba la ciudad de Tlaxcala en materia de justicia de primera instancia y la preocupación de los tlaxcaltecas por escapar de las ambiciones territoriales de Puebla. Según Raymond

Buve, Tlaxco y, sobre todo, Huamantla se opusieron a que la Tlaxcala fuera la cabecera de un partido único, heredando así la posición que había mantenido bajo el gobierno político-militar. Para ello, no dudaron en proponer la anexión del territorio al Estado de Puebla. Pero, aunque Natívitas, al igual que todas las cabeceras de partido, se oponía al monopolio jurisdiccional de la ciudad de Tlaxcala, el autor no incluye este municipio entre los aliados de Puebla en 1825. Al carecer de archivo municipal y a falta de otras fuentes, solo podemos aventurar la hipótesis de que la pérdida posterior de la cabecera por parte de Natívitas en favor de Zacatelco pudo ser el resultado de la intervención de intereses poblanos peligrosamente implantados en el municipio. En efecto, los hacendados cuyas fincas se ubicaban en Natívitas eran vecinos de Puebla, controlaban el Ayuntamiento mediante hombres de paja y podían intervenir directamente en el transcurso de una elección local para asegurarse un resultado favorable. En cambio, sabemos que las autoridades de Natívitas quedaron satisfechas con la administración de Tlaxcala, ya que, en 1849, presentaron una carta en la que manifestaban su oposición a los incansables intentos de anexión territorial por parte de Puebla. Hay que resaltar que Tlaxcala obtuvo en esta fecha el apoyo de todos los municipios, incluyendo los dos con los que Natívitas competía, es decir, Zacatelco y Tepeyanco.

Pero hagamos un salto temporal desde ese escenario que había propiciado importantes conflictos jurisdiccionales hasta la época del porfiriato para observar cómo estos se resolvieron. Dentro del Estado de Tlaxcala, la situación del distrito de Zaragoza era peculiar, ya que su capital no gozaba de una legitimidad consensuada, al contrario que en otros casos. Como muestra el cuadro 6, la jerarquía de los municipios dentro de los distritos procedía, la mayoría de las veces, de una situación de facto. No se discutía la preeminencia de la ciudad de Tlaxcala ni de la de Huamantla en sus respectivos distritos. Tlaxco y Calpulalpan también se habían impuesto sin mayores problemas. Solo el distrito de Cuauhtémoc y el de Zaragoza poseían una organización territorial horizontal, o sea, una administración compartida entre varios municipios en un plano de igualdad. Pero en el caso de Cuauhtémoc, el criterio administrativo ocultaba la ventaja que, en la práctica, tenía Barrón Escandón (o Apizaco): en efecto, allí se cruzaban las dos vías de tren que atravesaban el país de Este a Oeste y de Norte a Sur, creando una centralidad *de facto* que impulsó una concentración de servicios excepcional para un municipio de su tamaño. De hecho, el rápido crecimiento de lo que al principio era una simple estación de ferrocarril, fue lo que justificó la creación tardía —en 1892— del distrito de Cuauhtémoc. No existía nada parecido en Zaragoza, donde los municipios mantuvieron una disputa hegemónica todo a lo largo del siglo XIX. En esta rivalidad, Natívitas no se quedaba atrás, como podemos vislumbrar en el conflicto que enfrentó a su juez local con el de Zacatelco durante nuestro pleito verbal.

Cuadro 6. — Organización territorial del Estado de Tlaxcala en 1885

Distrito (capital)	Ciudades	Villas	Municipios	Pueblos	Barrios	Haciendas
Hidalgo (Tlaxcala)	1	1	7	37	22	17
Juárez (Huamantla)	1		8	11	19	39
Zaragoza (Zacatelco)			7	32	22	20
Morelos (Tlaxco)		1	3	4	5	29
Ocampo (Calpulalpan)		1	3	12	1	20
Cuauhtémoc (Escandón)			5	33		10
Total	2	3	33	129	69	135

Fuentes: Larrea y Cordero, Pedro, *Gran cuadro histórico, industrial y religioso de la ciudad de Tlaxcala y el Estado de su nombre*, Tlaxcala, 1886. Para el distrito de Cuauhtémoc hemos agregado los datos a partir de Velasco, Alfonso Luis, *Geografía y estadística del Estado de Tlaxcala*, México, Gobierno del Estado de Tlaxcala, 1998 (ed. facs. de la de 1892).

La posición de Natívitas como cabecera de partido, si bien fue ratificada en el Estatuto de Tlaxcala como territorio de la Federación, promulgado el 18 de noviembre de 1824, tan solo duraría hasta 1867 cuando, a la caída del imperio de Maximiliano, fue sustituida por Tepeyanco[2]. Finalmente, en 1882, el gobernador Mariano Grajales decretó una nueva división territorial. Zacatelco se convirtió entonces en cabecera de la prefectura de Zaragoza; su jurisdicción abarcaba de forma directa los municipios de Teolocholco, San Pablo del Monte y Xicohtencatl, y se ejercía de forma indirecta sobre Natívitas, convertida en subprefectura de la que dependían los municipios de Lardizabal, Tetlatlahuca y Tepeyanco. Natívitas obtuvo así un premio de consolación mientras que Tepeyanco fue el gran perdedor de este reajuste. En cuanto a la jerarquía territorial, se abría un juego interesante en el distrito, ya que el artículo 1 del decreto del 31 de diciembre de 1882 precisaba que «las subprefecturas dependerán directamente de la Secretaría de Gobierno, en todo lo relativo a la administración pública» pero, respecto a las autoridades judiciales, el artículo 3 indicaba que se reunían los territorios de Zacatelco y de Natívitas, «residiendo los respectivos jueces en las cabeceras de las prefecturas», es decir, en Zacatelco[3]. Por lo tanto, para los asuntos de gobierno, Natívitas dependía directamente de las oficinas del gobernador, mientras que su justicia debía someterse a la autoridad de Zacatelco.

Con estas reglas de juego se creaba una situación como mínimo tensa, que favorecía los conflictos de jurisdicción, especialmente agudos entre Zacatelco y Natívitas. También ponían al gobernador y a la oficina de su secretario como árbitro en caso de desacuerdo entre los dos municipios, lo cual permitía a Tlaxcala reafirmar su autoridad, circunstancia muy conveniente en ese distrito peligrosamente cercano a Puebla. El pleito verbal que analizamos ofrece la oportunidad de ver en acción cómo estas reglas podían interferir en la vida cotidiana de los habitantes y ser utilizadas por los actores interesados para fines particulares. En concreto, pone en evidencia cómo se hacía uso de estas normas en un proceso constante de negociación para definir las relaciones de poder. Este contexto territorial explica mucho de la desproporción que tomó el pleito frente a la simpleza de un conflicto por una pequeña propiedad, pero no agota el problema jurisdiccional planteado en la fuente de forma implícita. En efecto, este se manifestó también en la ausencia de un juez letrado en el juzgado de primera instancia y en la intervención de un licenciado en derecho, David Méndez, para zanjar el conflicto entre los dos jueces locales, ambos profanos.

Justicia letrada, justicia lega

Los juzgados de primera instancia se establecieron desde la Constitución de Cádiz de 1812 y se ratificaron en la Constitución Federal de 1824. *In fine*, se especificaba que estos debían estar a cargo de jueces letrados, requisito difícil de cumplir por falta de personal preparado. Sin embargo, la historiografía, a la hora de explicar la permanencia de la justicia de primera instancia en manos de alcaldes no letrados, apunta sobre todo al anclaje del proyecto liberal en el orden tradicional. Esta temática se ha planteado desde la perspectiva de la transición jurídica, idea mencionada de forma demasiado sistemática y que, por eso mismo, requiere una reflexión crítica y una definición, para evitar que se transforme en una «palabra maleta» en la que todo cabe y que lo explica todo. Recientemente, Tomás Mantecón Movellán expresaba su desacuerdo con la aceptación general de las categorías de justicia primitiva *versus* justicia moderna, dentro de un esquema construido alrededor de la idea progresista de transición hacia la modernidad, que deja de lado la complejidad de las acciones judiciales, en especial en el campo de la mediación y de las composiciones[4]. La ausencia del concepto de transición en la historiografía jurídica francesa podría considerarse una muestra de su sobrevaloración en la historiografía hispánica, o bien una limitación del enfoque francés. Cuando Garnot explica el paso de la justicia del Antiguo Régimen a la administración contemporánea no invoca este concepto, al contrario, el autor sitúa la ruptura antes de la época moderna, en un ciclo que se caracterizó por la adopción del procedimiento inquisitorio en la justicia penal, la aceptación de las pruebas llamadas racionales (en oposición al juicio de Dios) y un cambio en las penas establecidas en las sentencias. Para Garnot, en ese periodo, que abarca los tres últimos siglos de la Edad Media, es cuando nace la justicia de Estado y, en consecuencia, su análisis contempla más continuidades que rupturas en la historia judicial de los siglos XVI al XX[5]. Por su parte, la historiografía hispánica insiste en la introducción de la obligación de motivar las sentencias como momento clave de la transición jurídica, mientras que en Europa este planteamiento no ha llamado la atención de los especialistas. Un claro ejemplo de esta diferencia de perspectiva lo encontramos en los 31 ensayos reunidos por Garnot y Lemesle en 2012 sobre el tema específico de las sentencias, cuyos análisis omiten por completo esta idea[6].

¿Cómo explicar entonces que la transición jurídica se haya convertido en el prisma elegido para el estudio de la administración de justicia en el mundo hispánico? La respuesta no es simple y en ella se entrecruzan varios elementos. El concepto de transición, que explica el paso de un sistema a otro mediante pequeñas rupturas progresivas y no necesariamente lineales, ha sido ampliamente utilizado en España y en América Latina para definir el periodo posterior a las caídas de los regímenes dictatoriales del siglo XX. Se ha hablado abundantemente de transición democrática, tema que abarca, como es obvio, las distintas administraciones entre las cuales se encuentra la de justicia. Sus repercusiones no tardaron en llegar a los estudios sobre historia de la justicia, debido a que las transiciones democráticas coincidieron precisamente con el momento en que los historiadores tuvieron acceso a los archivos judiciales locales, es decir, a partir de los años ochenta. Finalmente, la historiografía hispanoamericana tuvo que prestar atención al «siglo olvidado», el XIX, que formaba un paréntesis entre la etapa ampliamente estudiada de las reformas borbónicas y las revoluciones de independencia, por un lado, y el fortalecimiento de los Estados latinoamericanos a finales del siglo XIX, por otro, y que, en el caso mexicano, desembocó en el objeto privilegiado de su historiografía, la Revolución de 1910. Entre estos dos extremos del siglo, el estudio de las fuentes revela importantes cambios en el Poder Judicial: el perfil de los jueces se modificó o, mejor dicho, se diversificó; la administración se reorganizó y el contenido de los pleitos se sometió a una normativa mucho más rígida que transformó profundamente el oficio de juez y la relación entre la sociedad y la administración de justicia. Así que nos encontramos con un periodo intermedio entre dos inflexiones, propicio a ser objeto de un análisis en términos de transición en el que se pueden identificar etapas claves. En efecto, ni el tiempo largo «casi inmóvil» de Braudel, ni el tiempo corto de los eventos, se prestan a un análisis de este tipo. Hasta aquí, la crítica que formuló Mantecón sigue siendo válida, puesto que existe el riesgo de tomar solamente en cuenta los elementos que cabrían en una visión progresista, es decir, los que representan un avance en el marco de una transición concebida de antemano, dejando de lado las cuestiones que no llevan agua a nuestro molino (como sucede en el análisis sobre la integración de los oficios de juez y de notario en una misma persona que veremos más adelante).

Federica Morelli y Carlos Garriga aclararon el concepto de transición jurídica gracias a una definición precisa, a su contextualización dentro del marco de la Constitución de Cádiz, donde se encontraría la raíz del proceso, y, finalmente, al análisis de lo que implicaba para el perfil del buen juez o «juez perfecto», retomando la terminología de la época de las reformas borbónicas. Para ambos autores, la transición jurídica consistió en el paso de una justicia de tipo jurisdiccional al imperio de la ley, pero el proceso fue más complejo que lo que deja entrever este resumen[7]. Las *Siete Partidas* y la *Recopilación de las leyes de los reinos de las Indias* siempre fueron una referencia, incluso en los Estados independientes; la justicia del rey se encarnaba en los corregidores, y, más adelante, en los intendentes y subdelegados —el gobernador militar en el caso de Tlaxcala—, mientras que los alcaldes ordinarios ejercían la jurisdicción dentro de los municipios. Las abdicaciones de Bayona dejaron la justicia en manos municipales en las que, según Morelli, «la regla de no motivación de las sentencias propició la formación de un conjunto de mecanismos institucionales dependientes de las circunstancias jurídico-políticas particulares del lugar». Así pues, la pretendida «modernización» de la justicia, atribuida a la Constitución de 1812, con la instauración de los juzgados de primera instancia se inscribía, en realidad, en la tradición heredada del Antiguo Régimen. Por lo mismo, la exigencia de jueces letrados para ocupar estas funciones —y no los había— no era tan importante como la necesidad de jueces honrados y socialmente aceptados, en adecuación con el proyecto político central, y conocedores de las situaciones para ser capaces de llevar a cabo conciliaciones entre las partes. Así, comenta Garriga, «la justicia gaditana era —y no dejó de ser— una justicia de jueces y no de leyes, porque seguía resultando del comportamiento justo [...] y procedimentalmente ajustado de aquellos, los jueces, y no de la recta aplicación de estas, las leyes...». En consecuencia, el hecho de que los alcaldes de las cabeceras de partido ocuparan la función de jueces de primera instancia habría sido no tanto un recurso rápido para suplir la ausencia de personal preparado y la falta de financiación, sino el resultado de la persistencia de la lógica casuística de la justicia y los jueces legos se verían, en este sentido, investidos de legitimidad. Su aceptación social explica también que las entidades que conformaban la República mexicana se tomaran su tiempo antes de formalizar una administración judicial separada del gobierno municipal y crear juzgados de primera instancia conforme a la idea de una justicia profesionalizada. Diez años después de la promulgación de la gran Constitución liberal de 1857, todo quedaba por hacer, por lo menos en el Estado de Tlaxcala. Visto bajo este ángulo, lo que podría considerarse, no ya una excepción, sino una aberración en la historia de la administración de justicia en México es el porfiriato, único momento en el que los juzgados de distrito tuvieron a su cabeza constantemente jueces letrados y estables. En cuanto la Revolución estalló, regresó la inestabilidad del personal, la ausencia de letrados, remplazados por legos, y la lealtad política como primer criterio para obtener el cargo (véanse pp. 69-88).

Las actuaciones destinadas a formalizar el proyecto de profesionalización de los jueces e introducir una aplicación normada de la ley se concretaron realmente en la época del porfiriato, con la obligación de motivar las sentencias, así como la multiplicación de los colegios de abogados y la promulgación de los códigos estatales civiles y penales, junto con los de procedimientos de ambos ramos, en los años setenta y ochenta del siglo XIX. La creación del Colegio de Abogados de Tlaxcala en 1874 se entiende en el contexto no solo de la justicia moderna, sino también del propio Estado, fundado tardíamente en 1856. El 4 de enero de 1872, Tlaxcala adoptó el Código Civil del Distrito Federal y de Baja California, como había hecho cuando tenía el estatus de territorio, pero nunca llegó a aplicarse; hubo que esperar hasta el 5 de febrero de 1886 para que entrara en vigor el Código Civil del Estado Libre y Soberano de Tlaxcala promulgado el 30 de junio de 1885. A partir de ese momento, la legitimidad de los magistrados de justicia se sustentaría, según su rango, bien en su formación jurídica, en el caso de los jueces de distrito —o de primera instancia— y de otros niveles superiores, bien en la elección, en el caso de los jueces locales quienes, por su parte, estaban obligados a saber leer y escribir, tener modos honestos y conocidos de vivir, y gozar de buena reputación, requisitos de lo más subjetivos y que no se aplicaban de forma pareja a todos ellos. Esta situación podía crear una verdadera competencia entre jueces de diferentes niveles de la que individualmente podían sacar provecho, como demuestran las numerosas quejas contra jueces locales presentadas a los de distrito, especialmente por abuso de poder o por su ignorancia en materia legal. La inconformidad respecto al juez de primera instancia del distrito se manifestaba en los juicios de amparo o en las solicitudes para desplazar un pleito a otro juzgado.

En el caso que nos interesa, la demandante eligió recurrir al juez local de Zacatelco. Como ya mencionamos, esta era una circunstancia habitual. En caso de ausencia del juez de primera instancia, por licencia, vacaciones o vacancia del puesto, el juez local de la capital de distrito asumía el remplazo, a veces con una bonificación del salario. Pero no era la vía única. Otra práctica también común es la que utilizó la demandada: solicitar que el pleito fuera atendido por el juez de primera instancia del distrito vecino, en este caso el de Hidalgo, cuya sede estaba en la ciudad de Tlaxcala. Normalmente esta solicitud se presentaba para resolver pleitos sobre transmisión de propiedad (testamentarías o juicios de intestados) que, por su naturaleza, quedaban fuera del ámbito de decisión del juez local. En todo caso, para poder acceder a un juzgado de otro distrito, había que empezar por solicitar permiso al gobernador del Estado[8]. Ese trámite previo pudo motivar la decisión de Rafaela Hernández, ya que presentarse en Zacatelco le permitía no aplazar más tiempo su queja y quizás prefiriese mantener al Ejecutivo al margen del pleito. También, pudo enterarse de que otras solicitudes habían sido rechazadas por el Gobierno, «en virtud de que próximamente va a reorganizarse el Juzgado de primera instancia de Zacatelco», lo cual era una lectura bastante optimista, considerando que el distrito no tuvo juez letrado hasta marzo de 1917. Así pues, el Ejecutivo no era neutral en caso de disputa sobre la legitimidad del juez local de Zacatelco para dictar sentencia en otros municipios del distrito, puesto que el propio Gobierno insistía en que este recibiera las quejas para evitar el atasco del juzgado vecino. En realidad, el gobernador no disponía de muchas opciones porque la situación en Hidalgo no era mucho más brillante que en Zaragoza. Allí también el puesto estuvo vacante hasta el 15 de marzo de 1916, cuando el licenciado Luis A. Marcarua ocupó la plaza. Pero esta fue tan solo una solución temporal que concluyó el 6 de julio del mismo año. Mariano Pérez ocupó entonces su lugar, a pesar de que su oficio de origen era… sastre[9]. Los objetivos de profesionalización de la justicia eran difíciles de cumplir en periodo revolucionario, incluso en la capital del Estado, así que el juzgado de Hidalgo no era una verdadera opción y podemos dudar de que Mariana Vázquez cumpliese con su amenaza de llevar allí su caso para obtener el reconocimiento de sus derechos de propiedad sobre la casa.

Como hemos visto, la construcción territorial de la administración judicial explica mucho de la pelea entre los jueces de Zacatelco y Natívitas, sin embargo, la cuestión de la fuente de legitimidad de los jueces no es menor, a pesar del perfil poco ortodoxo de algunos de ellos durante la Revolución. Entender este aspecto del pleito permite comprender también el tipo de control que podía ejercer un juez de primera instancia sobre sus colegas locales, así como el tipo de colaboración que esperaba de ellos.

El juez de primera instancia se encontraba en la vanguardia del proyecto de modernización de la administración judicial. Por modernización se entiende, por una parte, la necesidad de asegurar a la justicia un espacio autónomo respecto a los otros poderes, conforme a los principios liberales y, por otra, su profesionalización. Esta última era indispensable para alcanzar el objetivo de los legisladores de aplicar la misma ley a todos los ciudadanos, lo cual solo podía sustentarse en la existencia de códigos de procedimientos civiles y penales que clarificasen las reglas y las sentencias que se podían esperar en cada caso, así como en un cuerpo de jueces capacitados para aplicar leyes y códigos. Como escribió muy atinadamente Daniela Marino: «A partir de la codificación, dictar justicia sería solo aplicar la ley», o por lo menos tal era el objetivo de los legisladores[10]. Todo el esfuerzo se concentró en los titulares de los juzgados de primera instancia —o de distrito—, que, dentro de la jerarquía judicial eran los primeros a los que se exigía una cualificación: ser licenciado en derecho y con una experiencia mínima de tres años de abogacía. A pesar de su nombre —primera instancia— el juez de distrito podía juzgar en apelación pleitos tratados en los juzgados inferiores, en manos de jueces profanos.

El esquema siguiente resume la organización de la administración judicial en las diferentes entidades:

Administración judicial	Circunscripción
Tribunal Superior de Justicia	Estado
↑	
Juzgado de distrito (1ª instancia)	Distrito
↑	
Juzgado local	Municipio
↑	
Juez merino (o de paz)	Pueblo

Organización de la administración judicial en México
a principios del siglo xx

Tanto la jerarquía como las fuentes de legitimidad parecen claras. Sin embargo, las prácticas muestran relaciones de interdependencia más sutiles y la Revolución introdujo cierta confusión en los criterios de designación de los jueces. El juez de primera instancia sabía que, en caso de ausencia, sería remplazado inmediatamente por el juez local del municipio cabecera de distrito, lo cual no lo detenía a la hora de solicitar permisos con o sin sueldo, a juzgar por la cantidad de solicitudes presentadas al gobierno del Estado durante la Revolución. Esta práctica, de por sí, podía recortar la distancia existente entre los niveles de la administración. Además, el juez letrado contaba con el local para ejecutar sus sentencias, aspecto que Manuel Hernández dejó claro cuando pidió a Felipe Piscil que llevara a cabo la expulsión de Mariana Vázquez y la entrega de los títulos de propiedad. Pero la falta de colaboración de este también pone en evidencia la ausencia de recursos del juez de Zacatelco para obligar a su colega a cumplir con su parte, viéndose forzado a enviar a su brazo derecho como ministro ejecutor para realizar este cometido, medida realmente excepcional, ya que la presencia del secretario en el juzgado era indispensable para el buen funcionamiento de la administración judicial. Además, el juez letrado tenía la obligación de aclarar cualquier duda que pudiera tener el profano en materia de leyes y si su repuesta se retrasaba podía ser objeto de queja, es decir, que su estatus de especialista en derecho implicaba responsabilidades hacia los jueces que carecían de formación. Así, en 1930, el juez local de la ciudad de Tlaxcala necesitó consejo acerca de una sentencia sobre un interdicto mientras ocupaba la función de juez de primera instancia. Para ello se dirigió al juez de distrito más cercano —los del Tribunal Superior de Justicia estatal no atendían estas necesidades a pesar de su ubicación en la misma ciudad—, o sea, el de Zaragoza. El interdicto imponía plazos cortos que, en este caso, rebasaron los límites previstos por la reglamentación debido a que el juez del distrito vecino tardó en responder. La persona interesada en el juicio fue quien llevó el asunto hasta el presidente del Tribunal Superior de Justicia, precisando que: «a pedimento de mi parte, el señor Juez Local de este lugar requirió al señor Juez de Primera Instancia de Zacatelco para que se sirviera despachar el asesoramiento aludido, pero hasta la presente fecha, *dicho funcionario ni siquiera se ha servido contestar al señor Juez Local*»[11].

Las menciones de un supuesto menosprecio de los letrados hacia los profanos son comunes en las fuentes y suelen proceder de usuarios de la administración judicial. Así, Mariana Vázquez acusó al juez local de Zacatelco de incompetente cuando afirmó que seguía las recomendaciones de un tinterillo. Sin embargo, semejante desprecio no parece que se manifestase en la vida cotidiana de los juzgados, donde gran parte de la actividad descansaba en el secretario y los escribientes. Cinco empleados seleccionados por el juez llevaban a cabo el trabajo diario en el juzgado de distrito y, en el periodo revolucionario, los prefectos vigilaban que el juez estuviera atendiendo sus responsabilidades, ya que algunos tenían la tentación de seguir dedicando el tiempo a su trabajo de abogado, más rentable, y dejaban al secretario la tarea de despachar los asuntos cotidianos. De modo que no faltamos a la verdad cuando decimos que, incluso después de la promulgación de los códigos de procedimientos que obligaban a las personas a presentar sus demandas —civiles sobre todo—, respetando los formatos e incluyendo la argumentación jurídica, seguía siendo en gran parte el personal no especialista en derecho el que hacía posible el funcionamiento de los juzgados.

Veamos, entonces, el perfil de algunos de estos secretarios, cuyo cometido los convertía en el brazo derecho del juez, a comenzar por Eligio Díaz, promovido a ministro ejecutor en el pleito entre Rafaela Hernández y Mariana Vázquez. En el padrón de Zacatelco del año 1923, Díaz se declaró «campista», o sea, un campesino propietario de un microfundio. Su caso no era único. En 1911, se nombró a Florentino Grande escribiente comisario, plaza que ocupó en varias ocasiones (todavía en 1916), pero en 1923 también se declaró campista[12]. La poca estabilidad del personal de los juzgados durante la Revolución, incluyendo a los jueces, era tal que un juez del distrito de Zaragoza llegó a quejarse al Tribunal Superior de que no quedaba nadie en Zacatelco capaz de desempeñar estos cargos. De hecho, la mayoría de estos empleados —a excepción del juzgado del distrito de Cuauhtémoc donde varios habían trabajado en la estación de ferrocarril—, provenía de la administración fiscal y no habían tenido experiencia previa como jueces de paz o locales. La interdependencia bien instalada entre juristas expertos y empleados legos hace poco convincente el pretendido desprecio de los primeros respecto a los segundos. Esto no impedía que algunos usuarios de la administración como Mariana Vázquez buscasen sacar provecho de la supuesta cizaña. Así, en 1911, Raymundo Maldonado se quejó de que cuando llegó al juzgado de distrito con su abogado —hombre conocido en Tlaxcala, encargado también del Registro Público de la Propiedad— para revisar un expediente de intestado, el secretario mandó a decirles que esperaran a que terminara su junta para atenderlos. Maldonado precisaba, con cierta ofuscación, que el secretario estaba ocupando el despacho reservado del juez, y daba a entender que lo consideraba una usurpación simbólica de funciones, insistiendo en que un empleado debía atender a quien lo solicitase[13]. Pero la queja de Maldonado conoció la misma suerte que la de Vázquez: nadie le prestó atención.

Así pues, las desavenencias que se manifiestan en el pleito no se deberían tanto a prejuicios y susceptibilidades como a un conflicto de legitimidades en un momento en que la definición sumamente rígida de los procedimientos había inclinado la balanza hacia la profesionalización de los jueces, creando una situación confusa al contradecirse con los nuevos criterios de legitimidad impuestos por la Revolución, basados en la lealtad hacía los valores revolucionarios o hacia los nuevos grupos de poder nacidos de esta. Si los letrados tenían a su favor su formación y experiencia, el hecho de haberlas adquirido durante el porfiriato se volvió motivo de sospecha para el Ejecutivo que no tardó en ponerlos bajo vigilancia. La desconfianza era entendible en la medida en que la falta de correspondencia entre el orden jurídico y el político ponía a los gobiernos revolucionarios en una situación difícil. La consecuencia evidente de la falta de un nuevo corpus de leyes fue que se debía controlar a los hombres que las aplicaban. El Ejecutivo decidió nombrar cada juez por solo un año para evitar que tejiera vínculos en su circunscripción, copiando así la vieja estrategia de la Corona española. Pero esta técnica de control se enfrentó al problema del reclutamiento: los licenciados en derecho que habían ejercido el oficio de abogados durante un mínimo de tres años (requisito legal para aspirar al cargo de juez) escaseaban, especialmente en el caso que nos ocupa, porque las entidades vecinas, Puebla y el Distrito Federal, ofrecían mejores salarios. Por tanto, el Estado tuvo que organizar cada año una especie de juego de sillas giratorias, haciendo pasar a los jueces de un distrito a otro. Observamos, por ejemplo, cómo el juez del distrito de Zaragoza fue nombrado en 1912 para sustituir al de Cuauhtémoc y viceversa. Lo que al principio no era más que un acomodo se inscribió pronto en el vocabulario administrativo: los dos expedientes de renuncias seguidos de dos expedientes de nombramientos fueron remplazados por un solo expediente llamado «de permuta»[14]. Como era de esperar, esta desconfianza expuesta a la mirada pública creó malestar entre los jueces. Tenerse que instalar en una nueva ciudad cada año era especialmente pesado y su ausentismo se convirtió en un problema para el buen funcionamiento de los juzgados, como atestiguan las quejas que el Ejecutivo recibía. Como ya dijimos, este encargó a los prefectos de distrito vigilar a los jueces. Una carta del prefecto del distrito de Zaragoza, del 8 de febrero de 1912, indica que, «efectivamente el Señor Juez de 1ra instancia de este Distrito, varias veces no se encuentra en su Oficina, durante el día y las más veces o casi siempre solo despacha en la mañana y luego sale para Apizaco, y no regresa sino hasta el día siguiente». En Apizaco se encontraba el juzgado donde ejercía el año anterior y, sin duda, el lugar donde era abogado, oficio más rentable que el servicio público. El resultado de este control y de la llamada de atención que hizo el secretario de Gobierno no se hizo esperar: una semana más tarde, el juez presentó su renuncia[15].

Ese mismo año, se propuso una medida para asentar la legitimidad del juez de primera instancia. Ya que los jueces locales gozaban de la legitimidad que procuraba su elección y demostraban por el mismo medio su apego a la causa revolucionaria, el Ejecutivo decidió organizar elecciones para jueces de distrito y miembros del Tribunal Superior del Estado, cuya legitimidad procedía de su título universitario y su experiencia en el oficio. El fracaso fue rotundo. Mientras los ciudadanos tlaxcaltecas se movilizaron en 1912 para elegir a sus diputados en la primera elección directa de su historia, no se desplazaron para elegir a los jueces, y por un buen motivo, ya que esa elección era indirecta, violando el principio del sufragio efectivo. Si el objetivo era luchar contra la desconfianza hacia los magistrados, el medio propuesto era contraproducente, ya que no solo creaba una sospecha sobre la equidad del voto, sino también porque consolidaba la distancia que separaría de ahora en adelante al ciudadano del juez, distancia encarnada en el modo de elección indirecto escogido para la ocasión[16].

Acabamos de hacer un recorrido por el tema del vínculo de interdependencia entre juez letrado y juez lego, modificado por el problema de legitimidad política planteado por la Revolución. Manuel Hernández estuvo dando vueltas hasta encontrar una solución: en varias oportunidades calificó los argumentos de su colega Piscil de «frívolos», pero no tenía un título en derecho para poder actuar como experto —el hecho de pronunciar una sentencia sin examinar pruebas tampoco ayudaba a su propia causa— y no había otro juez de distrito disponible en su entorno para solicitar su asesoría. Ante las tensiones que, en y con la Revolución, habían alcanzado niveles inéditos, buscó apoyo en las nuevas autoridades: el Ejecutivo donde un jurista ocupaba un puesto clave como secretario de Gobierno. Pero antes de profundizar en este tema, debemos tratar un último aspecto del problema de la relación entre los niveles de la administración judicial relativo a una actividad anexa a la del juez —y olvidada por la historiografía—: el protocolo u oficio de notario, ámbito en el que juez de distrito y juez local tuvieron también que colaborar, no siempre para lo bueno.

El juez y el notario

La piedra angular del pleito consiste en dos documentos que nunca fueron presentados ni ante el juez de Zacatelco ni ante la oficina del secretario de Gobierno: se trata, por un lado, de la escritura que prueba la propiedad de Rafaela Hernández de la casa y su solar, y, por otro lado, el contrato de compraventa que hubiera justificado tanto la postura de la demandada como el posicionamiento del juez local de Natívitas en su favor.

La primera situación es fácil de aclarar. Como mencionamos en la introducción de este trabajo, el archivo del juzgado de primera instancia de Zacatelco fue incendiado el 15 de enero de 1912 por zapatistas con la ayuda de prófugos de la cárcel. Disponemos de tres testimonios de este evento: el del juez de primera instancia a cargo del archivo del juzgado, donde también se conservaban los documentos del protocolo; el de un comerciante español que poseía una tienda cerca del juzgado, cuyos bienes fueron saqueados y dos de sus empleados asesinados, y el del prefecto del distrito, que salvó parte del protocolo mientras los otros documentos, regados de «petróleo, aguardiente refinado y otros combustibles» ardían[1]. Sabemos así con seguridad por qué varios pleitos civiles sobre cuestiones de propiedad carecen de pruebas notariales y por qué algunos documentos, oportunamente salvados del fuego, siguen disponibles para su consulta. Tales acontecimientos explican también que el juez de Zacatelco no prestara atención a la exigencia de pruebas de Mariana Vázquez: los hechos eran bien conocidos y justificaban la imposibilidad de Rafaela de presentar copia de su título de propiedad y, lógicamente, si este no existía, ni habría podido entregárselo a Mariana en garantía de un préstamo ni la supuesta venta de la casa podría ser válida. En otros términos, el argumento de la demandada no se sostenía.

La ausencia del acta de compraventa entre Rafaela y Mariana es en cambio más enigmática. Para entender semejante situación, primero debemos aclarar un punto ciego de la historiografía: la fusión no de las funciones sino del oficio de notario y del de juez de primera instancia en una misma persona, y la transformación concomitante del juez local en ayudante de notario. Los únicos que nos proporcionan información sobre este tema son los historiadores modernistas. Algunos de ellos revisaron las fuentes notariales para probar la utilización de los notarios como puerta de acceso a la resolución de conflictos por vías infrajudiciales, mostrando cómo estos podían sustituir al juez para obtener una resolución registrada, y por tanto firme, de una conciliación. Este tipo de arreglo era más común entre las clases medias y artesanales, ya que los más ricos podían costear un juicio ante un juzgado y los pobres buscaban una solución que no implicara el pago de derechos notariales, recurriendo a un sacerdote, a un maestro artesano, o bien a un noble del lugar para garantizar el acuerdo. En la historiografía hispanoamericana se ha mencionado en repetidas oportunidades la implicación de los escribanos —luego llamados notarios— en los procesos judiciales, bien porque trabajasen cerca de un juez, bien porque las funciones de juez y de escribano se encarnasen puntualmente en una misma persona. El recurso al escribano podía impedir un proceso judicial; así, las cartas de perdón redactadas ante notario precisaban que se prohibía el recurso posterior al juez. Mª Eugenia Albornoz señala que, en el caso de Chile,

> protocolos de escribanos de la ciudad de Santiago prueban la existencia ininterrumpida, durante el periodo colonial, de desistimientos, perdones, convenios, avenimientos, transacciones, así como otras formas de abuenamiento y de solución de litigios (por ejemplo, nombramiento de árbitros

que asumen jurisdicción y autoridad de juez, emitiendo una sentencia): una muestra inicial de 56 tomos, correspondiente a la actividad escribanil desarrollada entre 1695 y 1807, arroja un total de 240 actos de ese tipo, desigualmente repartidos en 53 de ellos.

La labor de los escribanos en el ámbito judicial durante la época moderna es tan importante que, como nos recuerda Aude Argouse, «algunos destacados historiadores del notariado en el mundo hispánico estiman que los escribanos del periodo colonial equivalen más bien a los actuales secretarios de jurisdicción, antes que a notarios»[2]. La autora observa, en su propio terreno de investigación (Santiago de Chile en los siglos XVII-XVIII), que

> su oficio del escribano se extiende desde la confección de una declaración, un poder o un acto de venta, hasta el interrogatorio de los testigos y del reo en un pleito civil o criminal, la recopilación de documentos para la entrega de testimonios a las partes o a otras jurisdicciones, la recogida de las últimas voluntades de un moribundo, el establecimiento de la fe de muerte de un otorgante. El oficio público está por consiguiente definitiva y estrechamente vinculado a la administración de justicia y de la policía local, y a las materias acaecidas entre particulares, pese al carácter «no letrado» (es decir, no expertos en derecho) de los escribanos.

Por su parte, Darío Barriera señala que, en la Argentina independiente, las sentencias judiciales se registraban ante notario y que los jueces de paz de Rosario y de Coronda podían suplir al escribano en caso de ausencia de este. Víctor Gayol observa una situación parecida en la Nueva España: en la Real Audiencia de México, procuradores y escribanos reales mantenían una relación estrecha, al grado que una misma persona podía tener los dos títulos, aunque, como el autor subraya, era poco probable que pudiera cumplir con las obligaciones de los dos oficios[3]. En el caso específico de Tlaxcala, explica que,

> antes y después de la instalación del régimen de intendencias, los justicias mayores (corregidores, alcaldes mayores y subdelegados) actuaban a la vez como escribanos y peritos por la ausencia de más personas capacitadas en la jurisdicción. En esos casos, los justicias mayores cobraban derechos de judicatura como si fueran escribanos o peritos a partir de lo estipulado por un arancel particular[4].

Así, los modernistas han comprobado en repetidas ocasiones y distintos terrenos la combinación de los dos oficios. Esta se caracterizaba por ser puntual y no estaba sujeta a normativa alguna, ya que era el resultado de la iniciativa de los actores, generalmente para suplir la falta de personal cualificado. En el marco del Antiguo Régimen, estas prácticas, aunque no estuviesen generalizadas, eran habituales y no planteaban un problema político, ya que ambos oficios procedían de una merced real. En cambio, encontrar esta combinación, ya no puntualmente sino como norma, en una República liberal que había proclamado la separación de poderes, es algo que debería haber llamado la atención de los historiadores. Como vimos antes, una etapa importante de la llamada «transición jurídica» fue la extracción del poder judicial de los ayuntamientos para que pudiera adquirir un espacio autónomo; otra fue la profesionalización de los jueces de distrito. ¿Por qué, entonces, obviar el hecho de que designar como notario, nombrado por el gobernador, al mismo juez de primera instancia que, normalmente, había sido designado por el Tribunal, era señal de un disfuncionamiento respecto a los principios liberales inscritos en la Constitución? ¿Por qué no notar que un juez solía recibir como pruebas actas notariales, especialmente en pleitos civiles, que el mismo podía haber producido? En resumen, ¿cómo la fusión de los dos oficios durante los últimos decenios del siglo XIX pudo pasar desapercibida? La respuesta se encuentra en dos temas de la historiografía, el primero es, obviamente, el que estudia la historia de la justicia, el segundo, el que trata las cuestiones agrarias. En el primer caso, podemos encontrar dos tendencias: una consistiría en el análisis de la administración de justicia a partir de fuentes normativas (leyes, decretos, códigos civiles y penales, y códigos de procedimiento) así como de sentencias publicadas en revistas jurídicas, y otra en el examen de pleitos concretos. A esto podemos agregar algunos estudios sobre profesiones, especialmente la de abogado. Estas líneas de investigación tienen en común —para resaltar el aspecto que nos interesa aquí— que dan por sentado la autonomía del Poder Judicial, lo que limita la exploración de fuentes procedentes de otras administraciones. En otras palabras, no se consultan fuentes notariales y por lo tanto no es posible observar las coincidencias en las firmas con otros documentos procedentes de fuentes judiciales. Lo mismo se puede decir de la historia agraria. Teniendo en su punto de mira las numerosas rebeliones que brotaron en reacción a la Ley Lerdo y, por último, la Revolución y su Reforma Agraria, los historiadores concentran su atención en los conflictos y, por lo tanto, en las fuentes judiciales y el sinnúmero de expedientes que los pueblos presentaron para obtener dotación o restitución de tierras. Como caso ejemplar, podemos citar el libro de Alejandro Tortolero Villaseñor cuyo título prometedor, *Notarios y agricultores*, resulta no tener más que tres citas de fuentes notariales. El autor, que se centra en los conflictos relacionados con los recursos naturales, privilegia las fuentes judiciales en su investigación.

Para entender cómo la fusión de los oficios de notario y de juez de primera instancia en una misma persona pasó de ser puntual en la época moderna a una situación normal y automática en la segunda mitad del siglo XIX, debemos reconstruir el proceso, donde veremos que en un segundo momento, el juez local tuvo incluso la capacidad de elaborar preactas de compraventa. Presentar los resultados de esta investigación requiere una advertencia: no hubo un proceso lineal, ni fácilmente legible, por la buena razón de que no hubo una voluntad política ni un proyecto que tuviera la integración de estos dos oficios como objetivo. Es decir, que, por cuestiones de claridad, nuestra narración debe intentar poner orden en un proceso que no lo tuvo, sino que, al contrario, fue el resultado de lo que algunos sociólogos califican de «decisiones absurdas», fácilmente detectables por ser persistentes y contraproducentes. Este planteamiento de la sociología de las organizaciones, que introduce la cuestión del tiempo y el remplazo generacional en la construcción de decisiones absurdas complejas, nos ayudará a entender la evolución que mencionábamos al principio, apoyándonos en las observaciones de Christian Morel sobre la

> importancia del tiempo en la formación de una aceptación colectiva de la decisión absurda. Con el tiempo, la ausencia de objetivos o el error inicial quedan olvidados; nos acostumbramos progresivamente a la solución, ya bastante alejada; se le encuentra un uso marginal; se le puede fabricar una justificación aparente; los nuevos actores, que no conocen la historia, piensan que la solución absurda tiene motivos para existir y la siguen defendiendo[5].

Esta descripción, que el autor sintetiza como un proceso de «normalización de la desviación [*déviance*]», podría aplicarse a la administración de justicia en México. Se define un objetivo de modernización y profesionalización, se le dan ciertos instrumentos para construir un espacio propio y autónomo y para conferir transparencia a las decisiones judiciales, que deberían adquirir de ese modo una legitimidad inatacable, pero, al mismo tiempo, se acumulan los pequeños arreglos para aparentar resultados, arreglos que minan el espíritu del proyecto liberal y que adquieren, con el tiempo, una forma de legitimidad marginal dentro de las oficinas donde se gestiona el personal de los juzgados.

Veamos, mediante la revisión de textos legislativos y la consulta de fuentes notariales y judiciales, cómo se desarrolló esta evolución en el terreno tlaxcalteca, sin olvidar que probablemente cada entidad tuviera su propia cronología. Dos ejes explicativos resaltan. El primero se encuentra en la voluntad de profesionalizar el oficio de escribano/notario manifestada en la Ciudad de México, donde existía la institución educativa necesaria, pero que se quiso extender por decreto a toda la República sin tomar en cuenta la capacidad de la provincia para cumplir este nuevo requisito. Como vamos a ver, esto favoreció el acercamiento del escribano a los juzgados por la vía de la capacitación. En segundo lugar, encontramos la cuestión de la falta de personal y de recursos para pagar a letrados, y de la normalización de la solución encontrada, que consistió en la acumulación de las dos funciones en una misma persona. Veamos con más detalle la cronología de estos procesos.

Las leyes y reglamentos presentan dos aspectos importantes: por una parte, la vinculación temprana de los escribanos con los juzgados y, por otra, el intento de profesionalizar el oficio, controlando su acceso a partir de un examen. Este último esfuerzo fue poco eficaz si se considera que solo había un Colegio de Escribanos, ubicado en la Ciudad de México, y que el oficio permaneció vendible y transmisible hasta 1867, pero es muy revelador de cómo se fue construyendo el oficio de notario en el país, a partir de reglamentos del Distrito Federal que luego se volvían vigentes para el resto de la República. Así, un decreto de 1831 obligaba a los escribanos del D. F. a aprobar un examen y sacar un título; otro de 1834 sobre la «Organización de los Juzgados del ramo Civil y Criminal en el Distrito Federal» dictó que estos debían desempeñar además el oficio de secretario de juzgado. Cuando esta legislación se incorporó a la Constitución de 1836, la parte relativa al título profesional, que solo podía otorgar una institución ubicada en la Ciudad de México, fue difícil de cumplir y no es de extrañar que se tuvieran que reafirmar estos puntos en nuevos decretos a finales del año 1846. Así, el decreto del 30 de noviembre de ese año determinaba que «en cada juzgado de lo civil deben estar anexos dos oficios públicos, vendibles y renunciables que atenderán los escribanos propietarios de ellos». Poco después, el decreto del 19 de diciembre confirmó la necesidad de matricularse en el Colegio de Escribanos de la Ciudad de México.

El oficio de escribano dio un pequeño paso más hacia el de juez con la Ley para el Arreglo de la Administración de Justicia en los Tribunales y Juzgados del Fuero Común, de 1853. Para ejercer esta profesión, en adelante sería necesario haber cursado un año en la academia del Colegio de Escribanos y haber practicado dos años en la oficina de uno de estos o en el despacho de algún abogado, donde podían coincidir con los jueces y establecer lazos con estos;

pero estamos todavía lejos de la encarnación de las dos funciones en una misma persona. La ley promulgada el 27 de mayo de 1867, es decir, al final del Segundo Imperio, pero ratificada inmediatamente por Benito Juárez, parece haber tenido más peso en esta evolución. Con ella se puso fin a la venta y trasmisión de los títulos y, como señal de ese cambio, se impuso el término de notario y —hecho relevante aquí— se diferenció su actividad de la de los secretarios y empleados subalternos de los juzgados, a los que se denominó escribanos (y que encontramos en los primeros decenios del siglo XX con el nombre de escribientes). Resumamos la situación: de 1867 en adelante, los notarios son nombrados oficialmente bajo el criterio de su formación, sancionada por un título y una matrícula, sin que intervenga una compra o herencia del oficio y trabajan en los juzgados de primera instancia pero no forman parte del personal subalterno, que en el caso de Tlaxcala serían secretario, escribiente primero y segundo, conserje y mozo de oficio. Hubo que esperar a la ley de 1901 para que el notario tuviera la obligación de ser abogado, al igual que el juez de primera instancia. Sin embargo, las fuentes judiciales y notariales tlaxcaltecas muestran que esta última legislación solo sancionó una práctica existente y sistemática.

Una vez dibujado el marco legal, nos queda más claro que la cronología de la fusión de las funciones se redujo al periodo 1867-1901. Ahora falta entender la motivación y el ritmo de la práctica real en el Estado de Tlaxcala. Como ya subrayamos, el problema que planteaba una legislación definida a partir de textos destinados de entrada al Distrito Federal y luego aplicados a todo el país, era la falta de colegios de escribanos/notarios en las entidades para poder cumplir sus requisitos. Sí existían, en cambio, colegios de abogados en la provincia: el de Puebla fue creado en 1834 y el de Tlaxcala en 1874. Si bien, antes de estas fechas, muchos abogados poblanos se inscribían en el colegio de la Ciudad de México, también muchos ejercían sin título optando por un simple examen ante la Audiencia. En otras palabras, la distancia, el costo y el tiempo que suponía la centralización del procedimiento de titulación en México alentaban las prácticas ilegales. Esas prácticas no desaparecieron pero la multiplicación de las instituciones educativas permitió agilizar los trámites y ponerlos al alcance de un mayor número de aspirantes a la abogacía. Es probable que la falta de colegios de escribanos en la provincia provocara el mismo tipo de problema en un primer momento y favoreciera el acceso de los egresados del Colegio de Abogados a ese oficio. Es el caso de Tlaxcala, donde el Estatuto de 1849 —antes de la creación del Estado, en 1856— preveía en su artículo 38 que el Tribunal Superior de Justicia estuviera facultado para hacer los primeros exámenes para abogados y escribanos. El artículo fue cancelado por el Congreso, pero deja claro que una formación y un examen comunes serían al final la solución, como ya lo era en la práctica, a pesar de la reticencias de los diputados para legalizarla. El discurso de entrega de la presidencia del Colegio de Abogados de Tlaxcala, pronunciado por Eduardo Escudero en enero de 1876 lo dejó claro, la institución debía formar a tres tipos de profesionistas: abogados, escribanos y agentes de negocios. Escudero aprovechó la oportunidad para expresar su enojo contra el desprecio que los aspirantes a estas profesiones debían soportar a la hora de titularse en los Estados vecinos, aunque sus palabras dejaban entender que tal desprecio tenía algún fundamento y que Tlaxcala, mediante su nueva institución, debía reconquistar el respeto de sus pares:

> [...] autorizado el Colegio, para examinar a los que desean ese título, ya en lo sucesivo no habrá lugar como antes a ciertas apreciaciones nada favorables para nuestra querida Tlaxcala; apreciaciones más o menos exageradas que se hacían en otros Estados y principalmente en la capital de la República, fundadas tan solo en las irregularidades de los exámenes profesionales y en la abusiva libertad con que en el Estado se concedieron títulos para las carreras antes dichas[6].

A ese problema de formación se agregó el del presupuesto, que dejaba a Tlaxcala en inferioridad para competir con los Estados cercanos. La remuneración de los jueces de primera instancia, que habían ejercido el oficio de abogado por un mínimo de tres a cinco años según la legislación, era, en opinión de todos los interesados, demasiado baja para convencer a los letrados de que dejasen la abogacía a cambio de un puesto en uno de los seis distritos del Estado. Por lo tanto, el Ejecutivo tuvo que encontrar un modo de pagarles más de lo previsto en el presupuesto aprobado por el Legislativo: al salario de cinco pesos diarios le añadieron otros cinco de sobresueldo, procedentes de una partida que el Gobierno podía gastar a su discreción (cuadro 7).

Cuadro 7. — Salarios de empleados de los juzgados en 1917

Cargo y juzgado	Nombre y apellido	Sueldo diario + sobresueldos (en pesos)	Expediente
Juez de 1ª instancia del distrito de Morelos	Lic. Federico Toxqui	5	C. 220, Exp. 53, 25 f^{os}, 25/07/1917
Juez de 1ª instancia del distrito de Morelos	Lic José E. Tamayo	5,50 + 4,50	C. 221, Exp. 64, 58 f^{os}, 24/09/1917
Escribiente supernumerario del juzgado de Hidalgo	Graciano Morales	1,50	C. 228, Exp. 1, 27 f^{os}, 17/01/1918
Juez de 1ª instancia del distrito de Cuauhtémoc	Lic. Prisciliano Gómez Gutiérrez	6 + 4,50	C. 220, Exp. 45, 50 f^{os}, 03/11/1917
Mozo de oficios del juzgado de Cuauhtémoc	Vicente Velasco	0,75	C. 221, Exp. 36, 6 f^{os}, 15/08/1917
Escribiente del juzgado de Cuauhtémoc	Juan Ávila Godina	¿? + 2	C. 223, Exp. 24, 18 f^{os}, 03/11/1917
Juez de 1ª instancia del distrito de Cuauhtémoc	Lic. Manuel Gómez Lomelí	¿? + 4	C. 225, Exp. 6, 32 f^{os}, 15/12/1917
Juez de 1ª instancia del distrito de Cuauhtémoc	Antonio Villareal	¿? + 4	C. 225, Exp. 6, 32 f^{os}, 15/12/1917

Fuente: AHET, Rev-RO, Just-Gob.

Ese recurso fue sistemáticamente utilizado durante la Revolución —quizás antes también— para atraer y mantener a los letrados en sus puestos, como muestran las cartas intercambiadas entre la Secretaría de Gobierno y los licenciados en derecho que se buscaba contratar. En ellas, el sobresueldo era un argumento clave, mas no el único: el hecho de ejercer a la vez de juez y de notario, con el ingreso que suponía esta actividad, también pesaba en la negociación. Así, el licenciado Prisciliano Gómez Gutiérrez, que el secretario de Gobierno de Tlaxcala había convencido para dejar su ciudad, Guadalajara, a cambio del juzgado de primera instancia del distrito de Cuauhtémoc, precisaba que el sobresueldo que cobraba también servía para compensar la poca actividad comercial del lugar y la consiguiente merma de ingresos que suponía en su labor como notario. Sin embargo, normalmente, la acumulación de oficios solía ser una forma para a la vez solucionar la falta de personas capacitadas para cubrir todas las plazas y hacer más atractivos unos puestos que sufrían la competencia de los salarios en Estados cercanos. Así lo demuestran los argumentos de varios jueces a la hora de renunciar: intereses privados —habitualmente vinculados con su profesión de abogados— los obligaban a permanecer en el Estado de Puebla o de México. Por otra parte, durante la Revolución, el retraso en el pago a los funcionarios públicos creó una hemorragia que afectaba también a los empleados subalternos, como el secretario del juzgado de Zacatelco, personaje clave en el funcionamiento cotidiano de la administración judicial, que presentó su renuncia en 1918 porque ya no podía «subvenir sus necesidades familiares con motivo de la demora en el pago de sus honorarios». Argumento al que la administración contestó: «Como este hecho es verídico debido a la escasez de fondos en la Recaudación de Rentas, ha sido concedida dicha renuncia»[7]. Otros, con puestos superiores, eran todavía más explícitos:

> Manuel Hernández Domínguez, actual meritorio de la Secretaría General del Despacho, ante Ud. con todo respeto manifiesta: Que teniendo que desempeñar un empleo de mayor remuneración en la Capital del Estado de Puebla,

> lo que le impide continuar prestando sus servicios en la Administración del Gobierno de su digno cargo, a Ud., con todo respeto pide se sirva aceptar la formal renuncia que hace, significándole las protestas de su eterna gratitud[8].

En consecuencia, se puede observar, ciñéndonos al Estado de Tlaxcala, cómo un marco legislativo permitió el acercamiento de dos profesiones dentro de instituciones de formación y titulación, especialmente a partir de 1867, y cómo ese nuevo marco sirvió para solucionar problemas concretos de reclutamiento debido a la falta de letrados para cubrir todos los puestos y de recursos para pagarles. En este escenario, la ley de 1901 que obligaba al notario a ser también abogado (al igual que el juez de primera instancia) tan solo registraba una práctica común. Vemos así cómo prácticas que en el Antiguo Régimen aparecen como soluciones puntuales, echaron raíces y se volvieron sistemáticas en Tlaxcala, favorecidas por las nuevas exigencias de profesionalización y por la imposibilidad de cumplir las expectativas por falta de personal y de recursos. Lejos de fortalecer la legitimidad de los jueces, esta situación era más bien susceptible de fomentar la desconfianza de los usuarios hacia la administración de justicia. En efecto, mientras, por una parte, el juez letrado tenía experiencia como abogado y como tal había sido contratado por clientes solventes, a menudo propietarios de haciendas en los juzgados rurales, por otra, pronunciaba sentencias después de recibir pruebas que él mismo había podido redactar en su función de notario. Eso sin contar que su segundo oficio autorizaba al gobernador a intervenir en su nombramiento. La solución pragmática de la concentración de oficios cumple todos los requisitos para ser designada como decisión absurda.

Ahora, volvamos al juez local, que ocupaba un nivel inferior respecto al juez de primera instancia pero no necesariamente respecto al notario. Sus funciones también se ampliaron, ya que adquirió la capacidad de autorizar escrituras de compraventa de bienes raíces. De esta manera se agilizaba el mercado de tierras y se aligeraba el trabajo de los notarios, pero estos últimos conservaban la exclusividad de la emisión de la escritura definitiva de las propiedades. Los jueces locales utilizaron abundantemente este recurso en sus municipios, lo que también convenía a sus habitantes, que se ahorraban de esta manera un viaje a la oficina del notario ubicada en las cabecera de distrito. En tiempo de la Revolución, tomando en cuenta la inseguridad de los caminos, suponía una ventaja apreciable. Un documento nos permite seguir la cronología del uso de ese recurso en los seis distritos tlaxcaltecas. Se trata del inventario que el encargado del Registro Público de la Propiedad del Estado debía entregar a su sucesor. Se ha conservado, al menos, el de 1914, que contabiliza por año y por distrito el número de actas iniciadas por jueces locales. Este documento nos dibuja un retrato claro de la intensidad del mercado de tierras auspiciado por la nueva medida y de su evolución desde que entrara en vigor en 1881. Desgraciadamente, esta fuente no nos permite conocer la actividad de Felipe Piscil en este campo ya que esta se desarrolló en 1916.

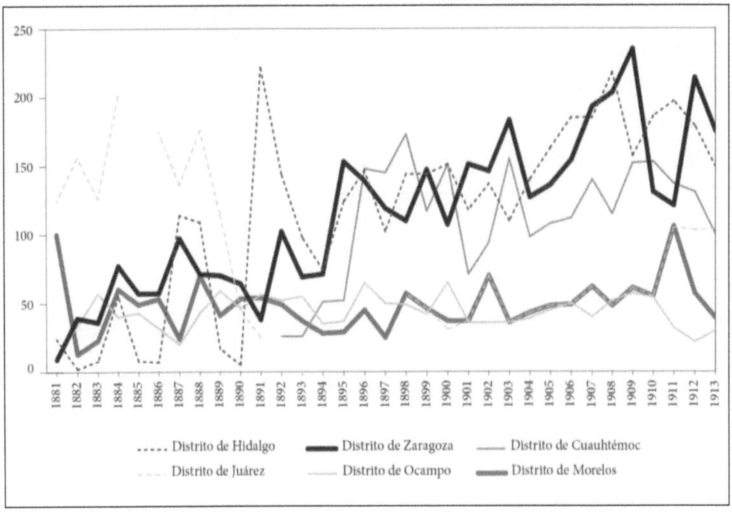

GRÁFICO.—Actas de compraventa realizadas por jueces locales e inscritas en el Registro Público de la Propiedad.

FUENTE: *Relativo a la entrega que del Registro Público hizo Ángel Ibarragán al Lic. Alonso G. Salas. Octubre de 1914* (AHET, Rev-RO, Just-Gob, C. 166, Exp. 56, 18 f[os], Año 1914).

Fuera del caso particular del distrito de Cuauhtémoc, creado en 1892, el gráfico muestra que los jueces locales no tardaron en apropiarse de su nueva función. Como era de esperar, fue en los dos distritos donde la pequeña propiedad se había desarrollado más —o sea, los distritos de Hidalgo (capital Tlaxcala) y de Zaragoza (capital Zacatelco)— donde esta nueva herramienta fue más útil y donde su aplicación se mantuvo en su nivel más alto a partir de 1907. En los otros distritos, las grandes explotaciones de maguey junto con la poca calidad de la tierra no habían favorecido este mercado ni la aparición de pequeñas propiedades.

Para entender el proceso legal de compraventa de un bien inmueble a través del juez local, es necesario seguirlo en su totalidad mediante la documentación reunida en las fuentes notariales donde se apuntaron todas las etapas de la transacción. Como el proceso de venta de la casa de Rafaela Hernández nunca se completó, debemos remitirnos al registro de otro bien, una casa en Natívitas, en 1918, ante «Lucio de San Pedro, Juez 1º local de este Municipio encargado del Protocolo de instrumentos públicos, y en presencia de los testigos de asistencia instrumentales». Para poder registrarse en los libros de protocolo, se debía anexar primero la ficha de pago de recaudación de rentas por inscripción en el Registro Público de la Propiedad. Luego venía la copia del acta realizada por el juez local, precisando que, para levantarla, se pidió

> al personal del juzgado se sirva situarse al predio mencionado a fin de tomar las mensuras correspondientes. El subscrito Juez en vista de esta solicitud y con previa citación de los colindantes los de asistencia instrumental se trasladó al predio mencionado y estando en él se practicó su medición [...] Concertada como queda la enajenación por el presente contrato lo elevaron a escritura pública. [...] Leída que les fue la presente a los interesados la ratificaron obligándose a cumplir todo lo que en ella queda sentado, así lo otorgaron y firmaron siendo testigos instrumentales los C. C. Miguel Dolores, Cruz González y

> Román Mejía vecinos del citado Barrio, y de Asistencia Perfecto de S. Pedro de esta vecindad. Damos fe. [Rúbricas. Copia del sello de recaudación de rentas][9].

Así pues, el juez local no solo estaba encargado del protocolo y *de facto* fungía como ayudante del notario/juez de primera instancia, sino que también desempeñaba el papel de perito o agrimensor. Adicionalmente, tal preacta requería la presencia de varios testigos y la colaboración de los dueños de los predios colindantes, que debían estar de acuerdo con las medidas recogidas en el acta. Estas actividades no pasaban desapercibidas, su carácter público era incluso un elemento que servía para demostrar la legitimidad de la compraventa. Pero eso no era todo. En 1916, con el decreto del 21 de marzo de ese año, el Poder Ejecutivo del Estado impuso que para realizar una preacta, el juez local debía primero pedir un permiso, que sería luego insertado en el acta final del Registro Público de la Propiedad. El Archivo Estatal y el de Notarías conservan rastros de las actividades de Felipe Piscil en este ámbito. El 9 de julio de 1916, Piscil obtuvo licencia para realizar el acta de compraventa de un terreno vendido por Juan Sánchez a Sixto Díaz, ambos vecinos de Santa Apolonia, por 30 pesos. Como era de esperar, el acta finalizada se encuentra en el Archivo de Notarías. Gracias a ese documento, podemos seguir la cronología del proceso: como se mencionó, Piscil recibió el permiso a principio de julio, levantó la preacta el 3 de agosto y se registró la escritura definitiva con copia del pago de recaudación de rentas el 3 de septiembre de 1916, es decir, que el proceso duró un poco menos de dos meses, un plazo muy razonable considerando el número de administraciones que intervenían[10].

Tenemos ahora más elementos para poder apreciar los argumentos de unos y otros en el pleito de Rafaela Hernández contra Mariana Vázquez. De haber existido una preacta de compraventa legítima establecida por el juez local, varios testigos habrían podido presentarse para respaldar la versión de Piscil: no solo los testigos instrumentales y de asistencia sino también los dueños de los solares colindantes a la propiedad vendida. Y, sobre todo, ya que el Ejecutivo terminaba siendo el árbitro del conflicto, Piscil debía ser capaz de mostrar o, al menos, haber podido referirse al permiso que hubiera solicitado al Ejecutivo en caso de seguir un procedimiento legal. La ausencia de testigos y de prueba escrita tiende a validar la sospecha de soborno que insinuó el juez de Zacatelco respecto a su colega. En otras palabras, la administración se enfrentaba a un problema característico de la descentralización: la multiplicación de los actores aumentaba las oportunidades de corrupción. Consciente de ese riesgo, el Ejecutivo intervino mediante la exigencia del permiso como forma de asegurarse de que ningún traspaso de propiedad evadiera el pago del impuesto y, quizá también, de poner freno a prácticas susceptibles de enturbiar la administración de justicia.

Así pues, el pleito verbal entre Rafaela Hernández y Mariana Vázquez nos enseña la otra cara de la medalla de la modernización inacabada de la administración judicial: una medida promulgada para agilizar los trámites se había convertido en un elemento que impedía la resolución del conflicto por medio de la negociación. Los jueces locales podían ver en las actas de compraventa la oportunidad de incrementar sus ingresos, lo cual no era tan problemático mientras no se emitiesen falsas actas a cambio de sobornos. Por otra parte, el juez de primera instancia podía utilizar su función de notario para reafirmar su preeminencia sobre los jueces locales, ya que era el único que podía legalizar los documentos. Pero en caso de vacancia del puesto era difícil, sino imposible, para su suplente —el juez local de Zacatelco— heredar esa competencia. Así pues, la acusación de soborno podía servir para afirmar una posición jerárquica en parte usurpada. En el caso del juez Felipe Piscil, se evidencia la problemática que podía introducir este proceso de elaboración de actas, a pesar de que su objetivo era facilitar la circulación de los bienes raíces. El hecho de levantar actas que no tenían valor de escrituras notariales abría el paso a reclamaciones y a un sinfín de conflictos.

Este mismo problema se deja entrever en un pleito en que la actividad del juez local, aunque legal, contribuye otra vez a la generación de un conflicto. Un proceso verbal en el que se opusieron dos vecinos del pueblo de San Rafael de Tenanyecac, municipio de Natívitas, en 1917, y que ilustra bien el resultado contradictorio que obtuvo la supuesta agilización de las ventas de tierras[11]. Todo empezó cuando Filomeno Trevera dejó, el 31 de julio de 1913, «en calidad de anticresis al Señor Aguilar un terreno de su propiedad denominado "Tezontitla" ubicado en el pueblo de Tenanyecac en la cantidad de $110, según aparece del recibo otorgado ante el Juez 1ro local entonces C. Miguel Sánchez». La anticresis era un contrato común entre campesinos por el que se entregaba al acreedor una finca para que se pagara la deuda con sus cosechas. Este recurso permitía pequeños préstamos entre campesinos, habitualmente vecinos. Después del primer acuerdo, Trevera pidió más dinero sobre el mismo terreno y su deuda alcanzó los 356 pesos. Su incapacidad para liquidar la deuda lo llevó a un acuerdo de venta del terreno a su acreedor, por una cantidad de 450 pesos. En consecuencia, a Aguilar le quedaban por entregar los 94 pesos faltantes. Sin embargo,

> se hace constar que si a la celebración de este contrato no se otorga escritura pública de compraventa en la forma conveniente es porque el personal de este Juzgado aun no lleva el Libro Protocolo, ni aun todavía está enterado de las nuevas disposiciones sobre contrato de la actual Administración.

A pesar de que otros contratos ya habían sido celebrados entre los dos hombres, el conflicto empezó debido a la falta de formalidad de las escrituras. En su declaración ante el secretario del juzgado de primera instancia, el 20 de febrero de 1917, Prisciliano Aguilar explicó «que últimamente solicitó del vendedor el otorgamiento de la escritura respectiva y este señor se ha negado no sólo a ello, sino hasta devolverle la cantidad que tiene recibida». Cinco días más tarde, se presentó Trevera ante el mismo juzgado para explicar que no daba la escritura porque faltaban 326 pesos del pago. Aprovechando el hecho de que la escritura no había sido finalizada, cambió de opinión sobre los términos del acuerdo que tenía con Aguilar y decidió conservar la propiedad del terreno, contando con que sus hijos pagasen el préstamo que Aguilar le había hecho. Para cancelar el anterior acuerdo, declaró simplemente haber firmado el documento contra su voluntad[12].

Lo interesante en este pleito no reside únicamente en evidenciar la fragilidad de las instituciones involucradas en los procesos de compraventa y la utilización de las dudas que pesaban sobre la legitimidad de trámites inacabados. El papel que desempeñaron los jueces locales de Natívitas —de nuevo Felipe Piscil y Lucio de Sanpedro— nos revela un poco más sobre su propio margen de maniobra y sobre la construcción de su papel de mediador en la localidad. Piscil intervino desde julio de 1916 y era quien había obtenido el acuerdo entre las dos partes de un pago restante de 94 pesos para cerrar la venta del terreno. En su exposición reconocía que no podía terminar de cerrar el acuerdo: «Trevera explica que no da la escritura porque faltan 326 pesos de pago, sus hijos van a pagar el rembolso de lo dado para no desprenderse del terreno. Dice haber firmado el documento contra su voluntad». Esta declaración de Piscil, hecha el 3 de julio de 1916, muestra de paso que la supuesta venta de la casa de Rafaela Hernández a Mariana Vázquez no tenía valor, si es que alguna vez ese acuerdo existió entre las dos mujeres, porque habría sido necesario que siguiera vigente hasta la firma del documento definitivo. Siguiendo con el caso del terreno de San Rafael de Tenanyecac, nombrado juez local de Natívitas, Sanpedro tuvo que retomar el asunto y obligar a los litigantes a cerrar un nuevo acuerdo. Su técnica fue radical ya que mandó a arrestar a Trevera, quien se quejó inmediatamente al secretario de Gobierno. Sanpedro explicó al Ejecutivo que «el Señor Trevera estuvo detenido, no fue prisión en forma» y que el asunto quedaba resuelto ya que pudieron convencerlo de que entregara la escritura del terreno a cambio de 25 pesos que Aguilar aceptaba pagarle a pesar de que, según el acuerdo de compraventa, ya no le debía nada. El juez local cumplió allí con su función de mediador, aunque tuvo para eso que forzar a las partes. Sin embargo, la conciliación era frágil, ya que Trevera fue a quejarse a la oficina del Gobierno del Estado, donde ya no encontró más apoyo. Tanto en este caso como en el de Hernández *versus* Vázquez, el cierre del pleito fue dado por el Gobierno del Estado cuando este dejó de ser un recurso posible para los litigantes y decidió empoderar al Poder Judicial, o sea el juez local de Natívitas en el caso Trevera, el juez local de Zacatelco en el de Hernández[13].

En los archivos abundan ejemplos de intervención de los jueces en el ámbito de las labores notariales con diversas configuraciones de actores en cada uno. A falta de resolución legal, la lucha de fuerzas entre instituciones podía ofrecer una salida. Entre el Poder Ejecutivo y el Judicial se estaba librando una guerra que, en su caso, el juez de Zacatelco utilizó en su beneficio: de haber seguido el juego institucional oficial, o sea, respetuoso con la separación de poderes, el juez habría tenido que dirigirse al Tribunal Superior del Estado o, al menos, a un juez de distrito letrado, pero recurrió al Gobierno. Las negociaciones del Ejecutivo para convencer a licenciados en derecho para que aceptasen puestos con el incentivo de sobresueldos era en sí una intromisión de este estamento en el nombramiento de los jueces. En efecto, aunque los jueces de distrito eran nombrados por el Ejecutivo a partir de una lista de nombres que le presentaba el Tribunal Superior, institución responsable de los nombramientos y renuncias, estos mismos magistrados del Tribunal eran reclutados mediante la misma fórmula o bajo la promesa de un aumento rápido. El 16 de noviembre de 1918, el licenciado Alberto Gómez Mendoza, secretario de Gobierno, envió un telegrama al licenciado Juan Lavandera, abogado en México, en estos términos: «Sírvase decir esta vía si acepta cargo Magistrado Tribunal éste. Caso afirmativo, remita su Título abogado para registrar. Sueldo $8 diarios, para enero 10. Urge resuelva más tardar lunes en la mañana. Pagos puntuales. Salúdolo». Lavandera rechazó la propuesta, prefiriendo las oportunidades que el Distrito Federal ofrecía en abundancia[14].

El dinero que manejaba el Ejecutivo a discreción para pagar a sus empleados limitaba *de facto* el control del Tribunal sobre el reclutamiento de jueces. Cuando estos agregaron el oficio de notario a sus actividades, el hecho de ser nombrados por el Gobierno tan solo dio legitimidad a prácticas existentes. Por otra parte, los acusados pujaban en el mismo sentido, solicitando regularmente la intervención del gobernador para acelerar un juicio o para favorecerlos. Como síntoma de esta situación institucional podemos constatar el incremento de las intervenciones del gobernador durante el periodo de la Revolución frente a la época del porfiriato. Un cuaderno donde se apuntaban los mandatos y las medidas disciplinarias que el Ejecutivo imponía a los jueces antes de la Revolución muestra un uso razonado de este recurso, que tendía incluso a caer en desuso: nueve corresponden a 1899, cuatro a 1900 y solo dos a 1901[15]. En tiempos de la Revolución, las intervenciones del Gobierno, para acelerar el desenlace de un pleito o para posicionarse como árbitro, como en el caso de este juicio verbal, eran prácticas habituales.

Otra opción era posible, menos institucional, y fue la que eligió el juez local de Natívitas. Aprovechando la debilidad del gobernador interino en el puesto, otro personaje podía tener interés en hacer una demostración de fuerza. Ese era Máximo Rojas, principal caudillo del Estado.

El juez y el caudillo

Recurrir a la intervención del Poder Ejecutivo del Estado, como sucedió en nuestro pleito, era un arma de doble filo, ya que, una vez que el secretario de Gobierno se involucraba podía optar por apoyar a uno u otro de los jueces. En efecto, pretender que se podía anticipar el resultado de la maniobra significaría ignorar la inestabilidad de las alianzas, tanto a nivel local como nacional, que prevaleció hasta, como mínimo, la presidencia de Plutarco Elías Calles (1924-1928). Por lo tanto, se hacía imprescindible convencer al gobernador y/o a su secretario, para lo cual, en este caso, se utilizaron dos tipos de estrategia: una institucional, vinculada a argumentos jurídicos (opción del juez de Zacatelco) y otra basada en las relaciones de poder (desarrollada por el del juez de Nativitas). Esta última es la que nos interesa aquí.

En el pleito verbal analizado en este libro, el Ejecutivo tuvo varias oportunidades de intervenir de forma directa. Era la instancia que tenía la última palabra a la hora de designar el juzgado que tendría la jurisdicción sobre el asunto. Parece que el gobernador no utilizaba esta prerrogativa de forma sistemática como en otras entidades. En efecto, varias autoras como Beltrán Bernal y Marino, mencionan que los trámites judiciales en el Estado de México se iniciaban, al parecer, metódicamente, con una «solicitud para litigar» presentada en las oficinas del Ejecutivo. En Tlaxcala, la intervención de este se limitaba a los casos en que existía un desacuerdo en cuanto a la jurisdicción competente, de modo que no era un trámite obligatorio, previo al inicio del proceso. En el conflicto jurisdiccional entre el juez de Natívitas y el de Zacatelco, el hecho de haber solicitado la intervención del gobernador permitió a este expresarse en varias oportunidades sobre ese punto. De hecho, el Ejecutivo utilizó esta capacidad para interferir legalmente en la resolución del conflicto, a favor de las autoridades de Natívitas en un primer tiempo, negando la validez de la orden de desalojo del juez de Zacatelco, y después a favor de este último, ratificándolo como la instancia adecuada para dictar sentencia[1]. Como hemos visto, del Poder Ejecutivo dependía la designación de los jueces letrados por ser el que gestionaba los sueldos y los sobresueldos a discreción, y también el nombramiento de los notarios. Además, zanjaba conflictos de jurisdicción entre juzgados, no solo en función de una normativa sino de cómo evolucionaba la relación de fuerzas movilizadas y/o creadas en el transcurso del pleito. El gran perdedor allí parece haber sido el Tribunal del Estado. Vale la pena subrayar que para la historiografía nos encontraríamos en un periodo en que la transición jurídica habría supuestamente acabado.

Así pues, el poder ejecutivo salió ganador de la Revolución, como quedó inscrito en la Constitución de forma tajante a principios de 1917, pero, aunque su arbitraje podía ser decisivo, su estructura no era monolítica y, en 1916 en Tlaxcala, estaba sumamente dividido. Debemos recordar las palabras de Jean Meyer:

> Carranza obtuvo satisfacción: el poder presidencial salió de ahí de la Constitución considerablemente reforzado; todo lo demás —sufragio efectivo, no reelección; federalismo; libertad municipal— era literatura, puesto que dependía antes que nada de un Ejecutivo que tenía la iniciativa de las leyes y que no era responsable ante las dos asambleas legislativas[2].

El Ejecutivo Federal encarnado en el Presidente de la República se fortaleció y lo mismo se puede afirmar, aunque a una escala menor, de los Estados de la Federación; en cambio los gobiernos municipales no conocieron la misma suerte. El debilitamiento del poder municipal durante la Revolución es/ha sido una de las líneas de investigación de Alan Knight y su análisis se ha visto ratificado desde la ciencia política por Mauricio Merino[3], que llega a calificar de «derrota municipal» las consecuencias de la Revolución sobre el poder local. La historia del municipio de Natívitas no desmiente estas afirmaciones. Varios autores han analizado en detalle cómo los propietarios de las haciendas ubicadas en el valle de Natívitas ejercían directa o indirectamente el control del poder municipal a pesar de tener su residencia en la ciudad de Puebla. Por mi parte, en un trabajo previo, analicé unas elecciones locales que fueron objeto de quejas ante la justicia en el siglo XIX, donde se constata cómo un hacendado —Gregorio Avalos— utilizaba las deudas que los vecinos tenían con él para asegurarse apoyos en las elecciones municipales, cuando él mismo ni siquiera estaba censado en Natívitas sino en Puebla[4]. Ese control sobre las autoridades locales no dejó de fortalecerse bajo Porfirio Díaz. Los esfuerzos de los hacendados de Tlaxcala para modernizar sus propiedades alimentaban el orgullo del gobernador Próspero Cahuantzi y su cercanía con el poder estatal les facilitó su organización política. Cuando las fuerzas contrarrevolucionarias llegaron al poder en 1913, los hacendados de Tlaxcala se hicieron con el control del Ejecutivo estatal a través de su Liga de Agricultores fundada el año anterior y que supuso el principal apoyo de los gobernadores Agustín Sánchez y Agustín Maldonado. En ese contexto, no tuvieron dificultad en recuperar temporalmente la influencia sobre el gobierno municipal de Natívitas, pero cuando los constitucionalistas, encabezados por Carranza, derrotaron definitivamente a las fuerzas huertistas, el poder municipal de Natívitas había perdido más que su credibilidad: de hecho desapareció durante un año, despertando esperanzas entre los vecinos del pueblo de Santa Apolonia Teacalco de convertirse en sede municipal.

En el Ejecutivo estatal, la situación carecía de claridad. Máximo Rojas estaba posicionándose como el hombre fuerte del Estado, estuviese o no en la gubernatura. A pesar de la importancia de este personaje en la reconfiguración de los poderes en Tlaxcala en los años de la Revolución, no ha sido objeto de ninguna biografía ni atención propia, al contrario del zapatista Domingo Arenas. Rojas suele ser presentado como una figura del constitucionalismo tlaxcalteca. Se sabe que nació en 1881 en Papalotla de Xicohtencatl, en el distrito de Zacatelco, y su último domicilio estuvo en la colonia de Panzacola donde estaban instaladas una fundidora y dos fábricas textiles, La Josefina y La Tlaxcalteca. De origen humilde, como muchos otros obreros de su localidad era propietario de unos lotes de tierras, por lo que aparece mencionado en las fuentes unas veces como obrero y otras como campista[5]. Al igual que sus conciudadanos, se politizó durante los debates sobre la no reelección, no solo de Porfirio Díaz, sino también y sobre todo del gobernador Próspero Cahuantzi, quien ocupó el puesto durante casi veintiséis años, relacionándose con uno de los más de setenta clubes políticos que se formaron en el pequeño Estado en los años previos a la Revolución. Su alianza con grupos revolucionarios poblanos y con Juan Cuamatzi impulsó la figura de Rojas y, cuando Cuamatzi murió, tuvo la oportunidad de encabezar el movimiento maderista en Tlaxcala. Consiguió la presidencia municipal de Papalotla de Xicohtencatl en septiembre de 1912 y tomó las armas en cuanto los huertistas tomaron el poder. Después de protagonizar peleas especialmente intensas en Zacatelco, su autoridad al frente de sus tropas se hizo indiscutible y cuando los constitucionalistas sacaron a Huerta de la presidencia, Rojas se apoderó de la ciudad de Tlaxcala. Su poder militar le permitió ocupar el cargo de gobernador interino de septiembre a noviembre de 1914. Allí se construyó la relación peculiar entre Rojas y el gobernador Machorro que observamos durante el pleito y que el juez local de Natívitas intentó utilizar a su favor.

A estas alturas, dos elementos merecen ser subrayados. El primero es que la trayectoria de Rojas ratifica lo que ya observó Annino y analizó luego Morelli, a saber, que la construcción de la legitimidad del caudillo se hizo a partir de la institución municipal. Aunque esta legitimidad ya no se expresara a través de pronunciamientos, la experiencia de Rojas indica que, a pesar de la militarización de la sociedad rural a lo largo del siglo XIX y el debilitamiento de los ayuntamientos en la Revolución, estos no perdieron peso en el proceso de legitimización de los líderes militares generados por esa misma sociedad. De hecho, Rojas, al igual que los caudillos a los que se referían Annino y Morelli, fue un jefe militar antes de obtener el apoyo de los poderes locales. La acción armada y política siempre estuvieron entrelazadas, desde su gestación en los clubes políticos que fueron claves en la promoción de una generación de líderes revolucionarios[6]. Pero tener el visto bueno de un ayuntamiento y ser elegido presidente municipal eran dos grados diferentes de vinculación con la institución. Con este paso, Rojas demostraba su capacidad para administrar una comunidad y obtenía el apoyo de los votantes que los caudillos decimonónicos, miembros de las élites rurales («*notables ruraux*»), no requerían para justificar su autoridad. El obrero había ganado con el compromiso revolucionario, con las armas y con la elección una legitimidad hasta entonces desconocida para una persona de su posición social. Esa era la novedad de los caudillos revolucionarios. Este perfil inédito transformó las necesidades de quienes aspiraban a mantenerse en el poder en esa nueva era política. La elección directa, el «sufragio efectivo», impuso nuevos métodos de control sobre las elecciones, no es que estuvieran exentas de fraude, ya que este fue una constante de la historia mexicana durante buena parte del siglo XX, sino que las formas de amarrar los resultados debían adaptarse a las nuevas leyes electorales. Para esto, el clientelismo era esencial y en el Estado de Tlaxcala dos medios eran posibles: la distribución de tierras y la promoción de una ley del trabajo dirigida al sector obrero. Como subrayó Alan Knight, la Revolución y la Guerra Civil cambiaron la naturaleza del caudillismo porque los campesinos adquirieron un cierto poder de negociación a la hora de otorgar su apoyo a un nuevo caudillo como intermediario ante las instituciones, como por ejemplo, la Comisión Local Agraria.

Además, su margen de maniobra se amplió debido a la competencia entre los propios caciques como ocurría en Tlaxcala[7]. Así pues, a nivel local se reproducían los mismos mecanismos que ya conocemos gracias a los estudios sobre los grandes caudillos, como Zapata, Villa y Obregón, que llamaron la atención de los historiadores por ser figuras nacionales. Pero la comparación de las trayectorias políticas de estos personajes no va más allá y, con prudentes reservas, se podría decir que Rojas tuvo éxito donde otros más renombrados fracasaron. En eso, la historiografía no le hizo justicia.

El segundo elemento que debemos subrayar en la biografía de Rojas es su calidad de negociador, que ciertamente no salta a la vista debido a algunas decisiones torpes que tomó bajo su primera gubernatura, pero que le valió algunos éxitos políticos que se han interpretado como señal de su carácter pragmático y de sus convicciones moderadas[8]. Esta lectura de las acciones del caudillo se debe esencialmente a su apoyo a Carranza y su compromiso con los constitucionalistas, al grado de fundar el Partido Liberal Constitucionalista de Tlaxcala. Cuando la Convención selló la alianza de Zapata con Villa, Rojas se separó de sus compañeros agraristas Domingo Arenas y Pedro Morales, para reforzar su alianza con el presidente Carranza. Este último, deseoso de establecer rápidamente un gobierno legal y pacificado, quiso separar el mando militar —detentado por Rojas— del poder político, encarnado en la gubernatura del Estado primero por Porfirio del Castillo y luego por Antonio Machorro (del 1 de julio de 1916 al 17 de abril de 1917). Nuestro pleito se desarrolló bajo el mandato de ese último, momento especialmente propicio para Rojas que estaba preparando su regreso como gobernador, cargo que obtuvo en mayo de 1918. Así que, por una parte, Rojas se alejaba del radicalismo agrario siguiendo el posicionamiento moderado que había demostrado al principio de la Revolución con su apego al maderismo y, por otro lado, su alianza con los ganadores de la Revolución parecía demostrar su pragmatismo.

Nos hubiéramos quedado con esta imagen del caudillo si nuevas fuentes, posteriores al pleito, no nos hubieran presentado un panorama mucho más complejo. Se trata de los informes de los agentes del Departamento Confidencial, fundado por Carranza y bajo la autoridad del secretario de Gobernación de la Federación. La calidad de sus reportes era muy relativa hasta principios de 1925, fecha en la que Plutarco E. Calles llegó a la Presidencia de la República. La reciente catalogación del fondo, disponible en la Galería 2 del Archivo General de la Nación, me permitió consultar los informes redactados por los seis agentes enviados a Tlaxcala para vigilar las elecciones de diputados al Congreso local de 1925[9]. En ese entonces, Máximo Rojas ya llevaba un año muerto pero su nombre se encuentra citado no menos de ochenta y ocho veces: el caudillo seguía siendo una referencia necesaria para entender la trayectoria política y partidista de los candidatos a la Diputación. Para entender la configuración de poder que estaba operando en aquel momento en el Estado, los agentes tuvieron que reconstruir el histórico de los «agrupamientos» políticos (con razón sus informes mostraban cautela a la hora de denominarlos partidos) y de sus miembros más activos. Tres grupos se peleaban entonces por el Poder Legislativo: el Partido Socialista (ex Partido Liberal Constitucionalista de Tlaxcala —PLCT—, fundado por Rojas y que acababa de cambiar de nombre), el Partido Laborista de Tlaxcala —PLT— vinculado con el Laborista de México y dirigido por Luis Napoleón Morones, fundador de la poderosa Confederación Regional Obrera Mexicana (CROM), y los Agraristas quienes, aliados con los laboristas, no presentaban a ningún candidato a la elección. Según el criterio de cada agente, el informe se enfoca, bien hacia aspectos orgánicos de la construcción histórica de estos agrupamientos, bien sobre aspectos personales en relación con los vínculos tejidos entre sus integrantes. Fuera cual fuera el enfoque, Rojas era la clave para comprender las relaciones de poder. Como fundador del PLCT, gran parte de los candidatos del PS debían a Rojas su posición, aunque hubieran adquirido una legitimidad formal a través de su designación por parte de los clubes liberales, pero ese era también el caso de la mayoría de los candidatos del PLT, que además contaban con el apoyo de los agraristas poblanos con los que Rojas estaba también vinculado. Entre los diputados del Partido Laborista, encontramos, por ejemplo, al coronel Marcelo Portillo, pariente del presidente municipal de Natívitas Manuel Portillo y personaje clave cuyo papel será analizado en el siguiente capítulo. Así que la elección de 1925 parecía una pelea entre herederos después de que la figura paterna hubiera desaparecido prematuramente en el campo de batalla, sin tener tiempo de organizar un legado, sino pacífico, por lo menos controlado. No viene al caso aquí profundizar más en estos eventos ocurridos ocho años después del pleito, pero Rojas empleó parte de su vida en construir este entramado, y observar su resultado en 1925 da una imagen más precisa del personaje y de sus capacidades políticas, más allá de adjetivos tan genéricos como «pragmático» y «moderado».

Justo antes de intervenir en el pleito con el arresto del ministro ejecutor enviado por el juez de Zacatelco, Máximo Rojas acababa de conseguir un innegable éxito político. En diciembre de 1916, el zapatista Domingo Arenas había aceptado unirse a Carranza gracias a la intermediación de su excompañero Rojas. El éxito no era solamente local. Los constitucionalistas veían su poder cuestionado ideológica y militarmente desde la Convención de Aguascalientes (en octubre-noviembre de 1914). Ahora bien, si Arenas era identificado con Zapata por la naturaleza de sus reivindicaciones agrarias, se unió a la División del Norte de Villa cuando este último desconoció a Carranza. El hecho de conseguir no la rendición, el arresto o la muerte de Arenas, sino su apoyo a la causa constitucionalista, era una convincente demostración de que el Poder Federal iba a necesitar a Rojas para tener el Estado de Tlaxcala bajo control. Sin exagerar demasiado, se podría decir que Rojas tuvo éxito donde Carranza fracasó y que su capacidad de negociación y de reunir a su alrededor las diversas fuerzas revolucionarias le asemeja más bien a un Plutarco E. Calles local. Pero el momento del pleito fue también importante para el general por otro motivo.

En efecto, Máximo Rojas aspiraba a ser diputado en la Asamblea Constituyente, la misma que promulgaría la Constitución el 5 de febrero de 1917, y para ello había conseguido ser elegido, pero fue posteriormente rechazado en el transcurso de la discusión de las credenciales de los nuevos diputados. Sánchez Aguilar, que recién estudió este capítulo olvidado de la historia de la Revolución, explica que los excluidos fueron muy pocos. Entre ellos, ninguno de los «renovadores» (partidarios de Madero que habían aceptado su renuncia después del golpe de Estado de Huerta; su denominación se opone obviamente a la de revolucionario), a pesar de que representaban el 55 % de los nombres discutidos. El 10 % de los casos en debate lo eran por fraude electoral y de estos se aprobaron a más del 83 %, o sea, que el grado de exigencia no era muy alto. El hecho de que Máximo Rojas fuera rechazado llama la atención y el autor revela que la oposición vino precisamente de uno de los renovadores, Palavicini, cuya credencial acababa de ser aceptada:

> Cuando se discutió la credencial del general Máximo Rojas, por el contrario, la mayoría de los oradores pidió la anulación de su triunfo como presunto diputado por el estado de Tlaxcala. En esta ocasión Félix Palavicini tomó parte en los debates y les pidió a las comisiones dictaminadoras «respetar no solamente el espíritu y la letra de la ley», sino también la «dignidad colectiva del Congreso Constituyente». Las críticas del tabasqueño se dirigieron a señalar la permanencia en funciones del general Rojas en Tlaxcala, y tildó de cínicos a los escrutadores por no encontrar «motivo alguno de nulidad» en la representación del militar[10].

Los motivos de esta enemistad se encuentran en los vínculos que varios miembros de los renovadores habían tejido mientras estaban en prisión bajo el mandato de Huerta. Allí Palavicini se había hecho amigo de Gerzayn Ugarte, antiguo secretario particular del gobernador de Tlaxcala, Próspero Cahuantzi (1885-1911), antes de ser maderista y convertirse luego en secretario particular de Carranza[11]. En resumen, en el paso del año de 1916 a 1917, o sea, en el momento del pleito verbal entre Rafaela Hernández y Mariana Vázquez y precisamente cuando intervino Rojas en el litigio, su poder en Tlaxcala estaba cuestionado por Ugarte —quien tenía acceso a Carranza—, pero también tenía la oportunidad de fortalecerse gracias a la alianza recién firmada con Arenas. Esta trama de alianzas, enemistades y competencias formaba el contexto configuracional en el que se encontraba el caudillo cuando decidió intervenir militarmente en un pleito de lo más banal, pero que ya era objeto de disputa entre jueces.

Este panorama no estaría completo si olvidáramos incluir al gobernador Antonio Machorro. Este carecía de legitimidad para encarnar un poder ejecutivo fuerte, aunque su trayectoria se parecía a la de Gerzayn Ugarte. En efecto, había empezado su carrera política como diputado del Congreso local bajo la gubernatura de Próspero Cahuantzi, formó parte del Club Nacional Reeleccionista de Zacatelco y, a solicitud de Cahuantzi, en 1910 condujo una tropa contra los amotinados de Zacatelco; cuando pasó a formar parte de las filas de los antirreeleccionistas y fue elegido diputado en 1912, ya no podía pasar por menos que chaquetero. Los arenistas nunca reconocieron su autoridad y, por si fuera poco, tuvo que enfrentar las huelgas obreras de 1916, eventos que terminaron de hundir su reputación, mientras que Rojas, en este aspecto, podía jugar con su pasado obrero para negociar con ese sector de la sociedad tlaxcalteca. De estas breves biografías —de las que expurgamos los elementos inútiles a la comprensión del pleito—, destacan dos elementos importantes. Primero, los grandes líderes de los años 1914-1917 —sean caudillos o políticos más tradicionales— eran originarios de Zacatelco, ya fuese el municipio o el distrito, lo que significa que competían por asentar su base clientelar. Así pues, Zacatelco y Natívitas se encontraban en una zona disputada entre Máximo Rojas, Domingo Arenas y el gobernador Machorro. El segundo punto importante es que la debilidad de este último explica en gran parte la actuación del Ejecutivo en el pleito y la intervención armada de Rojas. Hemos visto que el posicionamiento del gobernador cambió en el transcurso del proceso. Su primera reacción consistió en comunicarse con el presidente municipal y el juez local de Natívitas para cancelar la sentencia de desalojo pronunciada por el juez de Zacatelco Manuel Hernández. El arbitraje afectaba no tanto a las dos litigantes como a los dos jueces. Quizá la intención del gobernador fuese sacar el pleito del disputado municipio de Zacatelco para apoyar a Natívitas. Esta hipótesis es verosímil si observamos que los vecinos de Santa Apolonia Teacalco, vinculados con Rojas mediante Marcelo Portillo, eran los que se habían apropiado de las instituciones locales de Natívitas. Por lo tanto, Machorro tenía la oportunidad de intervenir en una relación de clientelismo de Rojas, en una zona agrarista, demostrando que era capaz de arbitrar en su favor contra la autoridad judicial nunca aceptada de Zacatelco. Frente a esta estrategia, Manuel Hernández eligió ignorar el comentario del gobernador, lo cual dice mucho de la debilidad de este último, prescindir de las autoridades locales para ejecutar la sentencia y designar a su propio secretario para que se encargase del trabajo. La velocidad de la reacción del presidente municipal de Natívitas y el arresto del secretario del juzgado de Zacatelco, ordenado inmediatamente por Rojas, muestra la calidad de los vínculos tejidos entre el caudillo y las autoridades locales. Rojas tenía la oportunidad de mostrar que era el único que podía proteger eficazmente a sus partidarios, al contrario de Machorro. Mientras tanto, el juez Hernández acudía al secretario de Gobierno, el licenciado David Méndez, y no solo por su posición sino también por su calidad de jurista letrado. Los principios fundamentales de la reforma de la justicia —ampliamente abandonada en el periodo revolucionario, pero vigente como referente y como fuente de legitimidad— bastaron a Hernández para conseguir imponerse. Su éxito muestra también que los argumentos del letrado tenían más peso que la autoridad del gobernador, cuya lealtad a los ideales revolucionarios podía ser cuestionada. Como constitucionalista, era más fácil para Rojas enfrentarse a un gobernador de dudosas convicciones que al secretario de Gobierno letrado.

Así pues, fue la estrategia vinculada a las relaciones de poder la que se invocó por una de las partes y la estrategia institucional la que respondió por la otra. En este contexto, la intervención de Rojas fue solicitada precisamente porque el gobernador no era capaz de imponer al juez de Zacatelco la suspensión de su sentencia, y el caudillo no iba a perder esa oportunidad de demostrar que era indispensable para solucionar un problema, por ínfimo que fuera, en una región que debía mantener bajo su control. El hecho de que aceptara involucrarse en el pleito por una simple casa muestra que para él y su estrategia de regreso al Poder Ejecutivo no había batalla pequeña. Pero su alianza no eliminaba su punto débil: Carranza escuchaba a otro tlaxcalteca, Ugarte, quien precisamente había conseguido sacarlo de la Asamblea Constituyente. Se entiende que después de esta humillación, Rojas aprovechase la oportunidad de imponerse a Machorro, el otro tlaxcalteca designado por Carranza para atender los asuntos de gobierno. El hecho de que las puertas de una institución federal le fueran cerradas, hacía lógico que volviera a invertir en el poder local. Sin embargo, una orden del presidente no se podía ignorar impunemente y eso fue lo que el juez de Zacatelco le recordó en su carta: al gobernador Machorro el gobierno civil y el arreglo de los conflictos civiles (lo cual nos recuerda la delgada línea que existía dentro de las instituciones del Antiguo Régimen entre el gobierno y la justicia) y al general Rojas lo militar.

La maniobra del juez puede parecernos arriesgada pero no lo era tanto; en efecto, este no podía ignorar que el presidente Victoriano Carranza ya había regañado fuertemente a Rojas sobre su forma de administrar la justicia. De modo que nuestro análisis no sería completo si dejáramos de lado el tema de la difícil relación que entretuvo el caudillo con los jueces. Como mencionamos antes, en 1914, año en que los constitucionalistas llegaron al poder, después del intento de contrarrevolución encabezado por Huerta, Carranza nombró a Rojas comandante militar y gobernador del Estado de Tlaxcala por un plazo muy corto de dos meses. Una de sus primeras decisiones fue clausurar todos los juzgados del Estado, en un ineficiente intento de impedir que permanecieran en manos de magistrados sospechosos de simpatizar con la causa contrarrevolucionaria. Aterrado por la torpeza de esta decisión, Carranza envió un telegrama el 15 de octubre de 1914 ordenando a Rojas «restablecer a la mayor brevedad posible los juzgados de primera instancia y menores tanto civiles como penales»[12]. Este episodio representa el punto culminante de las tensiones entre los nuevos gobernantes revolucionarios y la administración judicial letrada, formada durante el porfiriato. Los vínculos estrechos entre esta y las élites locales —notemos por ejemplo que Bernardo Caso, propietario de cinco haciendas en el distrito de Zacatelco, ejercía la abogacía, al igual que Agustín Maldonado, miembro de la Liga de Agricultores y gobernador interino en 1913— provocaba la desconfianza del Ejecutivo, pero la falta de jueces titulados y con experiencia hacía la labor igualmente necesaria, situación que no convenía a Rojas. La relación entre poderes se estabilizó en la mayoría de los distritos, salvo en el de Zaragoza y puntualmente en el de Cuauhtémoc.

Más aún, Máximo Rojas estaba acostumbrado a recibir quejas contra algunos abogados, procedentes de campesinos deseosos de ponerse bajo su protección. A finales de abril de 1916, recibió en su comandancia militar una carta de una sociedad mutualista de Zacatlán, «compuesta por elementos netamente revolucionarios», que le escribían:

> Como uno de los deberes que nos hemos impuesto es el de vigilar que nuestros enemigos burlen las disposiciones de nuestros gobernantes y logren penetrar en nuestras filas sorprendiendo la buena fe que nos ha animado siempre para que más tarde destruyan nuestros propósitos como lo han hecho siempre los traidores, nos permitimos manifestar a usted que tenemos conocimiento de que en ese punto vive un individuo de esta llamado Aurelio Zaragoza que logró sorprender a usted y que, como Asesor de una de sus Brigadas presta sus servicios dizque a la causa que usted bizarramente ha defendido. — Este individuo, señor General, es miembro prominente del

> Partido Científico de esta Ciudad; durante la dictadura y el Gobierno de Huerta, como pasante de Abogado cometió sus atropellos en los Tribunales de Justicia, pues es intrigante de primera fila. — Ha sido siempre enemigo de la revolución; trabajó activamente por la formación de voluntarios Blanquet y Defensa Social de esta Ciudad y fue director intelectual del Cuartelazo que a los coterráneos de usted dieron aquí el 10 de febrero de 1914. Instigó los fusilamientos de varios defensores de la causa. Persiguió a las familias de los revolucionarios obligándolas a huir y cooperó para la prisión y burla de otras[13].

Al final de su carta, solicitaban el permiso de Rojas para ejecutar al abogado. Desgraciadamente, el expediente no conservó la respuesta del general.

La importancia estratégica de Zacatelco y Natívitas para tender sus redes clientelares, unida a la pésima relación entre el caudillo y los juristas hacía que los pleitos surgidos en esta jurisdicción se tratasen fuera de la vía habitual y normada. Es en este contexto que debemos ubicar la carta que envió Manuel Hernández a Rojas. El error político que cometió este último al cerrar todos los juzgados del Estado no había pasado desapercibido y Hernández supo aprovechar ese antecedente para fortalecer su posición institucional frente al cacique, recordándole que debía respetar la separación entre lo civil y lo militar. Esa separación había sido decisión de Carranza y Rojas ya había recibido un primer jalón de orejas de parte del presidente por no haber respetado el poder judicial; recordárselo era una buena jugada.

Falta todavía un elemento para entender las relaciones de poder que estuvieron en juego en 1916 y la implicación de tantos actores en un sencillo pleito por la propiedad de una casa. Ese elemento es el empoderamiento del pueblo de Santa Apolonia Teacalco durante el periodo revolucionario, en su afán por conquistar la cabecera del municipio, Santa María de Natívitas.

Las redes de poder de Santa Apolonia Teacalco

Del municipio al Estado

Como ya se explicó, el juicio verbal de 1916 empezó cuando el gobierno municipal de Natívitas se estaba reconstruyendo a partir de una nueva configuración de poder que no solo afectaba al Ayuntamiento sino también a la justicia local. En esta reconfiguración, algunas familias del pueblo de Santa Apolonia Teacalco jugaron un papel clave, aunque esta localidad no aparece mencionada en los expedientes relativos al pleito. Ya presentamos el contexto local del conflicto de jurisdicción entre Natívitas y Zacatelco, es momento ahora de dedicar tiempo al análisis de la distribución de poder dentro del municipio de Natívitas. Para ello es necesario empezar con un resumen de la historia de la relación entre Natívitas y Santa Apolonia.

Santa Apolonia era uno de los nueve pueblos que conformaban el municipio de Natívitas, junto con una colonia, Analco, dotada de una estación de ferrocarril, y dos barrios. La elección directa practicada a partir de 1912 fortaleció su peso político, ya que el padrón de ciudadanos de ese año contabilizó a 181 votantes potenciales por 175 en el pueblo de Natívitas, cifra solo superada por Santiago Michac. La geografía y la evolución del estatus jurídico de Santa Apolonia explican en parte su relación peculiar con la cabecera municipal. Empezó por ser un barrio de Natívitas, ya que los dos asentamientos son adyacentes, separados por una sola calle (una acera es de Natívitas y la de enfrente de Santa Apolonia). En la primera mitad del siglo XIX, se constituyó como «pueblo sujeto» por motivos que no encontré reportados en el Archivo Estatal —recordemos que el archivo municipal desapareció—, pero que la tradición oral relaciona con cuestiones socio-religiosas: los vecinos de Santa Apolonia se habrían separado para poder tener su propia iglesia que Natívitas les negaba. En la medida en que las parroquias definían además los distritos electorales, el conflicto también pudo ser de orden político. Este pueblo, cuyos ciudadanos, en 1912, declararon ser campistas (pequeños propietarios) en una proporción del 96%, amplió sus terrenos ya a principios del siglo XIX. Vimos, al estudiar la distribución de la propiedad de las tierras (pp. 37-50), que 186 vecinos se organizaron en 1831 en sociedad agrícola para adquirir parte del rancho de Teopanzalco por 7000 pesos y que, más tarde, en 1896, una vez pagada la deuda, dividieron la tierra en pequeños lotes de propiedad privada. Las leyes de desamortización, hacia mediados del siglo, les habían permitido aumentar el número de pequeños propietarios y de lotes para los vecinos del pueblo. Compraron por 4000 pesos el resto del rancho, aprovechando las deudas que este tenía con instituciones eclesiásticas, asunto que fue gestionado primero por Antonio Chumacero y a continuación por Estanilas Portillo, en calidad de «apoderado del pueblo de Santa Apolonia»[1]. El núcleo creció todavía más sacando provecho de las Leyes de Reforma. Estas permitieron la creación de El Carril, uno de los tres barrios que constituyen hasta hoy el pueblo. Estas tierras eran del común y por lo tanto el síndico del municipio se encargó de su venta. La familia que gozaba de su usufructo, los Chino, intentó iniciar un pleito en 1857 ante el juez de letras del partido de Tlaxcala para obtener la propiedad, iniciativa que no tardó en soliviantar a varios vecinos que reclamaron «la reunión total de que se compone el Barrio de Santa Apolonia»[2]. Entre los que tomaron la palabra para organizar a la población se encuentra, una vez más, un Portillo. Así que en esta fase de fortalecimiento de la cohesión de los habitantes del pueblo y de sus recursos económicos, una familia clave del periodo revolucionario ya formaba parte del grupo de personas que participaban en la organización de acciones colectivas, mientras que los Sanpedro y los Piscil tuvieron una entrada más tardía en el grupo de los poderosos.

Hace unos años, publiqué un artículo analizando cómo estas familias de Santa Apolonia se las habían arreglado para controlar el proceso electoral municipal y apropiarse del Ayuntamiento. Si varios aspectos de aquel estudio son válidos y sirven ahora para entender la configuración de los poderes locales, el enfoque del mismo estaba equivocado. Consideré el proceso de Santa Apolonia como un caso más de intento de separación de un «pueblo sujeto» de su cabecera. La amplia historiografía sobre este tema muestra que era un proceso frecuente desde la época de la colonia y el hecho de que el pueblo se separase efectivamente en 1995 orientó sin duda mi análisis[3]. Sin embargo, las relaciones entre pueblos y cabeceras eran más complejas. En el Estado de Tlaxcala, para no alejarnos de nuestro terreno, se encuentran también poblaciones que tuvieron la oportunidad de obtener su propio ayuntamiento y la rechazaron. En cuanto a Santa Apolonia, en el periodo de la Revolución no buscaba exactamente una separación, sino remplazar a Natívitas como cabecera, quizás recordando que una vez formó parte de aquella. Esto modifica nuestra perspectiva porque, en un proceso de separación, la dinámica interna del pueblo, su cohesión y recursos para desvincularse de la cabecera y constituir su propio ayuntamiento son los elementos que concentran nuestra atención. En cambio, si lo que se pretende es remplazar la cabecera y ocupar su lugar para el conjunto de nueve pueblos es necesaria una estrategia distinta, que no solo depende de la capacidad organizativa interna sino también de la capacidad para proyectarse hacia la totalidad del territorio municipal y hacer demostración de liderazgo. Para Santa Apolonia, mostrar sus vínculos privilegiados con el general Rojas, principal caudillo del Estado, era una oportunidad que no se podía desperdiciar, como tampoco la capacidad de defender la jurisdicción del juez local frente a la competencia de Zacatelco.

La primera muestra de que Santa Apolonia se estaba organizando políticamente y lo manifestaba fuera del municipio data de 1903. En efecto, sabemos que en los años previos a la revolución, especialmente de 1908 a 1910, el tema de la no-reelección estaba muy presente en la opinión pública en la mayoría de los Estados mexicanos; los ciudadanos de Santa Apolonia, junto con otros diecinueve pueblos de los distritos de Zaragoza y de Cuauhtémoc firmaron una carta abierta a Porfirio Díaz y al gobernador porfirista Próspero Cahuantzi, suplicando a este último que no se presentara a la reelección. En total juntaron 562 firmas para quejarse de la reforma fiscal: «principalmente el ocho y el diez al millar nos han conducido a ser unos verdaderos esclavos del terruño», mientras que los empresarios amigos del gobernador obtenían exenciones legales de impuestos[4]. Rendón Garcini, que ha analizado detalladamente el gobierno de Cahuantzi de 1885 a 1911, comenta que «durante el quinto periodo de su gobierno (1901-1905) hubo una considerable agitación social»[5], que puede observarse en el desacuerdo de los ciudadanos con los resultados electorales en sus municipios. Pero Santa Apolonia Teacalco fue el único pueblo de Natívitas que participó en esta acción. De las 24 firmas que sus habitantes pusieron al final del documento, tres eran de la familia Piscil y cinco de los Portillo, con la notable ausencia de los Sanpedro. Así, podemos observar cómo, después de mantenerse al margen de los conflictos políticos, varias familias del pueblo empezaron a organizarse, con independencia de su cabecera, mediante vínculos externos con municipalidades y pueblos cercanos. En su condición de pequeños propietarios se sentían especialmente afectados por las reformas fiscales, pero este descontento no debe interpretarse necesariamente como un preámbulo de la Revolución. Cuando se creó el Club Melchor Ocampo en Natívitas, el 22 de diciembre de 1907, para proponer la reelección del gobernador Próspero Cahuantzi, entre su mesa directiva se encontraban varios vecinos de Santa Apolonia y todos ellos iban a participar con algún cargo en los ayuntamientos posteriores: Tranquilino Lara, Isidoro Apanecatl, Agustín Piscil y, esta vez, dos Sanpedro se hicieron presentes, Joaquín y Saturnino. Así pues, prevalecían los esquemas de la dinámica local: para los intereses del pueblo era imprescindible la presencia en las instituciones locales tanto como demostrar autonomía respecto a la cabecera. Esta presencia se hizo también cada vez más visible en los conflictos electorales. En 1857 y 1872, años en que se presentaron recursos judiciales de importancia contra los resultados de las elecciones municipales, los pueblos de Santiago Michac y San Rafael Tenanyecac encabezaron el grupo de inconformes; en 1903, varias familias de Santa Apolonia se unieron a la demanda presentada inicialmente por San Rafael Tenanyecac y por Miguel Balión, de Natívitas, quien ya había liderado algunos disturbios en elecciones de municipios cercanos (Panotla especialmente). En este proceso, varios linajes de Santa Apolonia aprovecharon para posicionarse políticamente: los Sanpedro, los Teniza, los Piscil y los Portillo. Esta vez todas las principales familias del pueblo estaban representadas, aunque solo los Piscil ganaron en este juego de presión al obtener dos cargos de regidor suplente[6].

Ese fue el primer paso hacia una presencia cada vez más fuerte en el Ayuntamiento que no dejó de ampliarse hasta el momento del pleito verbal, en los años 1916-1917, cuando el cargo de presidente municipal recayó dos veces, sucesivamente, en manos de ciudadanos de Santa Apolonia y lo mismo ocurrió con el cargo de juez local. Para llegar a este resultado, supieron aprovechar la inestabilidad provocada por la Revolución y la implicación de las autoridades municipales con uno u otro bando. Entre 1912 y 1918 el gobierno local cambió todos los años, fuese por elecciones o por nombramiento directo del gobernador. No repetiremos aquí el análisis detallado de los comicios que ya se publicó en el trabajo antes mencionado, pero sí debemos recordar el momento en el que los objetivos de las principales familias de Santa Apolonia pudieron expresarse con toda claridad: el año de 1914, cuando el Ayuntamiento de Natívitas desapareció.

En julio de 1914, Huerta tuvo que renunciar, vencido por los constitucionalistas. Los gobernadores que lo apoyaban en la provincia tuvieron que seguir su ejemplo, seguidos por los ayuntamientos dominados por los contrarrevolucionarios. Así ocurrió en Natívitas, lo que abrió una oportunidad única para los ciudadanos de Santa Apolonia. En septiembre de 1914, estos enviaron una carta firmada por 61 personas al general Máximo Rojas, entonces gobernador interino del Estado, nombrado por Carranza. En este documento expresaban que se encontraban frente a una situación de hecho, la desaparición de la autoridad municipal, y para remediarlo proponían el nombramiento de un Ayuntamiento provisional encabezado por Saturnino de Sanpedro, por «sus reconocidas cualidades, aptitud e integridad» y compuesto por «personas verdaderamente íntegras, y que constituyen un elemento sano como lo requiere la Administración del nuevo Régimen»[7]. Cabe mencionar que unos meses antes, en abril de 1914, José de Jesús de Sanpedro había sido nombrado juez local. El cuadro siguiente (cuadro 8) resume la propuesta, donde la representación se distribuye entre las diferentes poblaciones del municipio —lo cual es en sí mismo una demostración de la capacidad de encabezar una negociación con el conjunto de los pueblos involucrados— y a la vez se descarta a los pueblos políticamente más fuertes, o sea Natívitas y Santiago Michac. Cancelada esta competencia, los de Santa Apolonia podían compartir sin mayor problema el Ayuntamiento con ciudadanos de San Miguel del Milagro y de San Rafael Tenanyecac.

Cuadro 8. — Ayuntamiento propuesto al gobernador en 1914

Cargo	Nombre y apellido	Pueblo
Presidente	Saturnino de Sanpedro	Santa Apolonia Teacalco
Regidor 1°	Laureano Bonilla	San Miguel del Milagro
Regidor 2°	Carlos Cervantes	Santa Apolonia Teacalco
Regidor 3°	Julián Méndez	¿San Rafael Tenanyecac?
Regidor 4°	Buenaventura Serrano	San Rafael Tenanyecac
Regidor 5°	Julián Galicia	¿San Rafael o San Miguel Xochitecatitla?
Síndico	Manuel A. Morales	San Miguel Xochitecatitla

Fuente: AHET, Rev-RO, Just-Gob, C. 165, Exp. 46, 3 f^os^, Año 1914.

A pesar de estas negociaciones, el municipio seguía sin dirección en 1915. En julio de ese año, Gregorio Portillo asumía la función de intermediario entre el Gobierno del Estado y la localidad, y esta vez expresó de forma muy directa las expectativas de los ciudadanos de Santa Apolonia:

> Habiendo llegado en mi poder la presente circular con fecha 10 del actual que este superior gobierno dirije [*sic*] a la Presidencia Municipal de este Municipio de Natívitas, fueron en mi poder 25 ejemplares [...], *pues no habiendo autoridades desde el día 12 de noviembre del próximo pasado, hasta esta fecha se encuentra desolado el municipio sin autoridades*; pues ha llegado la presente en mi poder porque *este pueblo de Santa Apolonia lo reconocen los Pueblos como cabecera principal de Natívitas*, lo único que existen son los agentes municipales de los pueblos pues ni los establecimientos están en corriente, todo está clausurado pues los oficios llegaron en mi poder abiertos.[8]

Ya que Máximo Rojas, con la clausura de los juzgados locales en septiembre de 1914, había participado directamente en la ingobernabilidad de la localidad, los de Santa Apolonia se ofrecían para resolver el problema. No consiguieron lo que esperaban pero, a partir de entonces, no dejaron de actuar de forma colegiada y sistemática bajo el impulso o control de un representante de uno de los tres principales linajes, que parecían intercambiarse este papel sin mayores conflictos hasta 1918. Uno de los objetivos de esta alianza era impedir que alguna iniciativa o pretensión de poder surgiera en algún otro pueblo de Natívitas. En agosto de 1915, 32 ciudadanos de Santa Apolonia firmaron una carta al gobernador, «en nombre de todos los hijos de este pueblo», para denunciar a un habitante de la Concordia que «ha estado haciendo el cobro de la plaza desde Natívitas [...] sin saber quién le ha autorizado o extendido su credencial». Presentándose como «jornaleros humildes» —cuando tres años antes se habían declarado campistas—, solicitaban la instalación del Ayuntamiento en su localidad, por ser «acreedores por los sagrados ideales del ejército constitucionalista»[9]. Este evento anecdótico muestra cómo los habitantes de Santa Apolonia, a pesar de estar organizados, de tener líderes bien identificados que gozaban de la cohesión de su población gracias a un objetivo claro y compartido, no podían dejar pasar cualquier actuación que limitara su poder simbólico en el municipio, ni siquiera cuando provenía de un pueblo que carecía de sus mismos recursos, como era el caso de Santo Tomás la Concordia. La forma en la que las autoridades de Santa Apolonia actuaron durante el pleito, a través de los cargos municipales que ocupaban, no era pues una excepción: no dejaban que ningún movimiento pudiera desplazarlos ni poner en duda su legitimidad. Si bien es cierto que desconocemos el motivo original que llevó al juez local Piscil a rechazar la queja de Rafaela Hernández (¿por el acta de compraventa de dudosa legalidad que había preparado?, ¿por algún vínculo con Mariana Vázquez o algún pariente suyo?), el carácter personal de esta decisión se acabó en cuanto Rafaela decidió presentarse ante el juez de Zacatelco. El cambio de juez y de presidente municipal en Natívitas ya no importaba entonces: defender la jurisdicción del municipio era de por sí un buen motivo para actuar, pero demostrar la capacidad de los ciudadanos de Santa Apolonia para cumplir el objetivo era esencial para conservar el control de la institución.

De hecho, el pleito ocurría en un momento crítico (¿pero acaso no lo eran todos durante la Revolución?): aunque la situación parecía ideal para los habitantes de Santa Apolonia, las elecciones de noviembre de 1917 —el Ayuntamiento de 1916 era interino— los ponía en riesgo. Así que los vecinos se organizaron y entregaron las urnas vacías «por no comparecer ni un ciudadano», lo cual era una brillante demostración de cohesión y disciplina[10]. También mostraba eficiencia ya que su rechazo a participar en la elección no les impidió ratificar sus cargos en la presidencia municipal y en el juzgado local.

Ahora es tiempo de detenernos en otro aspecto de las estrategias locales: el vínculo creado entre Santa Apolonia y Máximo Rojas por medio del coronel de brigada Marcelo Portillo. En cuanto la Ley Agraria del 6 de enero de 1915 fue promulgada, Rojas buscó fortalecer su posición mediante la distribución de tierras, con el fin de promover una relación clientelar con los campesinos. Utilizó para ello su derecho a promulgar mandos militares y encargó a

Portillo que procediese a la repartición de la hacienda de San Juan Mixco entre los vecinos de San Damián Texoloc, de Santa Apolonia y de San Vicente Xochitecatitla[11]. Portillo no tardó en decepcionar a sus conciudadanos, que esperaban salir beneficiados en la distribución de tierras y obtuvieron menos que los de San Damián, creando una brecha en el pueblo que ya no se pudo cerrar. Por su parte, Rojas nunca renegó de Portillo, ni siquiera cuando este fue acusado de un triple asesinato en 1923. Este personaje, que cometió todo tipo de abusos, hasta llenar los archivos —además de los asesinatos, acaparó terrenos a campesinos humildes, robó cosechas y animales, urnas en las elecciones de 1918, etc.—, servía de vínculo entre Rojas y los constitucionalistas y arenistas. Es decir, que era una pieza esencial del equilibrio político de la zona, hasta el punto de que su pariente, el presidente municipal Manuel Portillo, podía pedir a Rojas una intervención en contra del juzgado de Zacatelco. Manuel quería mostrar que desde Santa Apolonia se podía defender la jurisdicción del municipio, Marcelo aprobaba este objetivo y aprovechaba para fortalecer su papel de bróker en la región, y Rojas seguía arreglando cuentas con los juzgados y con el gobernador debilitado. El peso de la familia Portillo se hace también visible en la cronología, ya que solo después de que Gregorio Tlacuilo dejase el cargo de presidente municipal y de que Manuel Portillo lo sustituyera, se buscó el respaldo de Rojas.

En suma, no era necesario tener un vínculo directo con alguna de las litigantes para tener un motivo para intervenir en el pleito. Algo está muy claro: para estudiar el tema de la instrumentalización de la justicia, analizar cómo los litigantes utilizaban la administración judicial en su provecho no da más que una reducida idea del entramado de intereses que se podían esconder en asuntos aparentemente irrelevantes. Las consecuencias inesperadas del proceso nos preservan de una sobreinterpretación de nuestra fuente principal (el pleito): dos jueces, un presidente municipal, un gobernador, un secretario de Gobierno, un jefe militar y una tropa se involucraron en un pleito verbal de dos campesinas ordinarias.

No es sorprendente, por lo tanto, encontrar varios pleitos en el mismo periodo que manifiestan el mismo tipo de configuración que se revela en el litigio entre Rafaela Hernández y Mariana Vázquez. En 1916, en el pueblo de San José Atoyatenco, también en el municipio de Natívitas, Vicenta Flores explicó que había prestado a su vecino dos mulas y un arado. El vecino aprovechó que la mujer enviudó y perdió también a su hijo para pretender que no le debía nada. Esta escena común en el mundo rural, con un conflicto que se construyó de forma muy parecida al pleito que estudiamos, a partir de un acto de solidaridad y un deterioro de la relación hasta la judicialización, también fue objeto de un vaivén entre los juzgados de Natívitas y de Zacatelco, y las dos mulas terminaron decomisadas por la brigada de Marcelo Portillo[12].

Consideraciones finales

El peso de la Revolución

Si el diablo está en los detalles, la historia también. Carlo Ginzburg lo demostró con maestría cuando comparó el método del historiador con el que Giovanni Morelli había inventado en el siglo XIX para atribuir autorías a pinturas anónimas. El audaz crítico de arte había catalogado las formas de pintar las orejas de varios artistas italianos del Renacimiento, detalle al que nadie, ni las escuelas ni los copistas, habían prestado atención. Allí estaba la huella del autor. De esta manera, insistía Ginzburg, el detalle nos puede enseñar algo que permite volver a poner en perspectiva el conjunto[1]. Se entiende que la propuesta interesase especialmente al fundador —junto con sus colegas de los *Quaderni Storici*— de la microhistoria. Sin embargo, la atención prestada al detalle era algo ya presente en la historiografía, aunque de forma implícita, en el trato de las fuentes que la escuela de los *Annales* había redefinido. Si nos referimos al texto canónico que Marc Bloch dedicó a este tema en su *Apología para la historia*, no solo plantea que todo es una fuente potencial para el historiador —en oposición a la limitación que la escuela metódica imponía a las fuentes escritas—, sino que se pueden utilizar independientemente de su destino original. Ese segundo aspecto ha llamado mucho menos la atención que el primero. Sin embargo, podría ser el que más revolucionó la tarea del historiador, abriéndole todo un mundo de posibilidades, entre ellas la de analizar detalles. De ahora en adelante, se puede tomar un dato diminuto de un documento y darle un tratamiento serial, repitiendo la operación tantas veces como sea posible o deseable. Se utilizaron, por ejemplo, las firmas de las actas de matrimonio no para estudiar este hecho, sino para hacer un estudio sobre el nivel de alfabetismo. El análisis de redes sociales integró esta práctica mediante las bases de datos que se rellenan, por ejemplo, con las fórmulas de cortesía utilizadas en las fuentes epistolares y que sirven para definir la calidad de una relación. En el presente trabajo, se buscó entrar en la fuente de forma repetitiva cambiando cada vez el detalle a partir del que se proponía revisitar el pleito en su conjunto. Como se explicó en la introducción, tuve que proceder a una selección de dichos elementos. Sin embargo no quise proponer de entrada una clasificación de los factores más o menos determinantes del juicio para que su jerarquización pudiera ser también parte de los resultados de la investigación.

Lo primero que podemos subrayar es que nada es irrelevante para entender la desproporción que tomó el asunto respecto a lo que estaba concretamente en juego en el pleito. Este último se encuentra dentro de un entramado de relaciones, de contextos institucionales y de cronologías, propias de cada aspecto que fuimos estudiando. No podemos proceder como el químico para quitar uno de estos elementos y observar las reacciones en cascada que esta operación podría provocar. Sin embargo, al final del apartado anterior mencionamos rápidamente un pleito entre vecinos de San José Atoyatenco que movilizó a los mismos jueces y a la brigada de Marcelo Portillo bajo la autoridad de Rojas, y es obligado resaltar que el desarrollo del conflicto fue distinto del que venimos de analizar. Allí, Piscil, el juez local de Natívitas, fue quien pasó el expediente al juez de Zacatelco, y los dos vecinos en conflicto decidieron finalmente aliarse para denunciar el robo de las mulas por parte de Portillo. Si en algún momento pudiéramos tener la tentación del determinismo, esta breve comparación acabaría pronto con ella. También nos lleva a evaluar mejor el papel de las dos litigantes. La amistad que las unía y que se concretó en una ayuda mutua —con el préstamo de una casa para una y de una cantidad de dinero para otra— hubiera podido ayudar a una resolución informal del conflicto o un acuerdo ante el juez, como fue el caso de los dos vecinos de Atoyatenco. Pero lo que estaba en juego era distinto. Con la Ley de Reforma Agraria de 1915, la propiedad de la casa se había convertido en un requisito obligatorio para poder formar parte de los beneficiarios de los ejidos que los comités particulares de los pueblos estaban reclamando. Esta primera fase de la reforma no ha llamado mucho la atención: fueron pocas las tierras que se distribuyeron y pocos sus beneficiarios en comparación con la reforma aplicada por Lázaro Cárdenas. La pelea entre Rafaela Hernández y Mariana Vázquez permite poner este evento dentro de la perspectiva de los campesinos que vivieron esta primera etapa. El ingeniero que evaluó la solicitud presentada por Santo Tomás la Concordia insistió en que se trataba de un pueblo que había sido damnificado y reubicado debido a las inundaciones sufridas por la creciente del río Zahuapan. En 1917, se iba a convertir en el pueblo más dotado del municipio con 500 ha tomadas de las haciendas cercanas. Ni Rafaela y su marido, que formaban parte de las familias que habían tenido que dejar el pueblo para ir a buscar trabajo a la ciudad de Puebla, ni Mariana, que había vivido en una hacienda, se podían dar el lujo de perderse esa oportunidad. Este objetivo, callado en el documento, explica la obstinación de ambas mujeres para ganar un juicio que, en otro contexto, se hubiera solucionado pronto.

Más importante para entender el desarrollo del propio trámite judicial fue, a mi entender, la fusión de las funciones de juez y notario en una persona y, más en concreto, en este caso, la delegación de los trámites de compraventa en los jueces locales antes de su registro formal. La oportunidad dada al juez lego de obtener ingresos extra con esta actividad podía ser utilizada de forma abusiva y, cuando esto pasaba, se perdía la neutralidad del juez. En el transcurso del pleito esta situación tuvo dos consecuencias. La primera fue que el juez local de Natívitas estaba personalmente involucrado en el litigio, lo cual era una justificación más que suficiente para buscar otro juzgado. No se trataba de una situación extraordinaria, ya que se suelen encontrar en la historiografía reportes de pleitos en los que los actores explican que la justicia de proximidad significa para ellos depender de la sentencia de un juez demasiado cercano al grupo adversario. Las características de la administración de justicia durante la Revolución conducían a la irresoluble cuadratura del círculo: por un lado, a los jueces letrados, para evitar el anclaje local, se les imponía la regla del puesto interino que a menudo duraba menos de un año; por otro lado, se fiaba a la proximidad de los jueces profanos. Al final, no se conseguía definir la «distancia ideal» para una justicia fiable y un arbitraje neutral. La segunda consecuencia fue que nadie pudo producir una prueba durante el pleito: ni Rafaela, por la destrucción del protocolo archivado dentro del edificio del juzgado debido a la doble función juez/notario mencionada arriba, ni Mariana por la ilegalidad de la preacta preparada por el juez local. Sin acuerdo entre las partes y sin pruebas, no quedaba más que la relación de fuerzas.

Esta se dio de diversas maneras. La primera tensión se resolvió en el marco bien conocido del conflicto jurisdiccional en el que el Ejecutivo tenía la capacidad de arbitrar. Viejas rencillas entre Natívitas y Zacatelco fueron despertadas cuando las familias de Santa Apolonia Teacalco que lideraban el proyecto de convertirse en cabecera municipal, vieron la oportunidad de demostrar localmente su capacidad para defender los intereses del municipio. Las dos litigantes, preocupadas por la propiedad de la casa y la posibilidad de inscribirse en la lista de ejidatarios de su pueblo, no tenían necesariamente clara la posible instrumentalización de su pleito, dentro del conflicto generado por la vacancia del Ayuntamiento de Natívitas entre 1914 y 1915 y la reconfiguración de poderes interna que estuvo en juego justo después. La disputa jurisdiccional también se tuvo que resolver al margen de la administración judicial debido a la situación que la Revolución generó. En 1916, no había un juez letrado ni en Zacatelco, ni en Tlaxcala ni en Barrón Escandón, tres juzgados de primera instancia que fueron mencionados en algún momento del pleito. En consecuencia, cualquier juez local descontento con una sentencia o una iniciativa de otro que actuase en sustitución de un letrado podía, simplemente, no reconocer su autoridad. Así lo hizo Piscil con Hernández, dejando dos caminos posibles: o bien pedir el arbitraje del gobernador, o encontrar un juez letrado con suficiente autoridad para que su decisión fuera aceptada por todos. La falta de legitimidad de un gobernador designado y no electo, y con un pasado poco glorioso para tiempos revolucionarios, abrió paso al arbitraje del secretario de Gobierno, licenciado en derecho y que gozaba de una mejor reputación que su jefe en el Ejecutivo. Su decisión de intervenir a favor del juez de Zacatelco —y de rebote a favor de Rafaela Hernández— solo fue tomada después de que el general Máximo Rojas hubiera manifestado su apoyo a los vecinos de Santa Apolonia con los que entretenía una relación de clientelismo. Deseoso de no perder la oportunidad de mostrar su capacidad de solucionar asuntos civiles —con miras a recuperar la gubernatura—, necesitaba satisfacer las expectativas de su base regional y dejar en ridículo al gobernador.

Visto así, lo que establece en gran parte la jerarquía de los factores que configurarían el destino inusual de este pleito es la cronología. Cada decisión tomada por uno de los actores del litigio provocó una reacción. Varias intervinieron antes del pleito, como el rechazo de una conciliación o el recurso a un falso documento de venta preparado por el juez local. Luego de esto, los eventos rebasaron a las interesadas. Sin embargo, vemos que, en el trasfondo, el desarrollo de los acontecimientos es propio de la Revolución. Ese evento mayor del México contemporáneo —por no decir fundador— creó la oportunidad de obtener ejidos gracias a un asentamiento en un pueblo rural. Creó también la vacancia de los puestos de jueces en los juzgados de primera instancia, situación que no había existido bajo el porfiriato sino de forma muy eventual en caso de un permiso corto o de enfermedad por parte del letrado. La Revolución fragilizó también considerablemente el poder municipal, abriendo el camino a estrategias locales de recuperación y reacomodo, y permitió la aparición de una nueva generación de caudillos regionales, de origen más humilde que sus predecesores. Finalmente, nos da la ocasión de reflexionar sobre la muy discutida transición jurídica. Si se entiende esta estrictamente en el sentido definido por Morelli, o sea, como el paso de un sistema jurisdiccional al imperio de la ley, que se concretó por la paulatina obligación de motivar las sentencias, entonces no hay lugar a debate. La promulgación de los códigos Civil y Penal y los de Procedimiento dio claridad a la tarea del juez a la vez que limitó su margen para llevar a cabo negociaciones entre las partes. En cambio, si nos referimos a la profesionalización de la justicia que se intentó imponer en los juzgados de distrito —y que ya existía en los tribunales—, entonces el contexto revolucionario puede abrir un debate. Como bien se sabe, una misma historia puede ser tragedia o comedia según dónde se decide cortar el relato. Lo mismo pasa con el concepto de transición. Afirmar la modernización y profesionalización de la administración de justicia sin más es asumir implícitamente dos cosas: la capacidad de los poderes públicos para implementar su proyecto de modernización, lo cual demostraría un optimismo que pocos estudios de políticas públicas validan, y tomar como punto de referencia una fecha reciente, posterior, por lo menos, a 1940. En el primer caso, se da mucha importancia a fuentes legislativas y textos reglamentarios, y poca a los pleitos y documentación relativa a la gestión del personal de los juzgados que dan testimonio de la realidad cotidiana vivida dentro de estas instituciones. En el segundo caso, una perspectiva teleológica sesga la mirada y se cae en la tentación de definir como epifenómenos, excepciones o detalles sin interés todo lo que no cabe en el «sentido de la historia». Así fue como pudo pasar desapercibida la doble función del juez/notario, nombrado por el tribunal/gobernador, cuando la justicia debía tener su espacio autónomo y cuando las sentencias pronunciadas debían ser transparentes, aunque el juez decidiese en función de pruebas proporcionadas por el notario. Si debemos tomar una fecha reciente como referencia, quizás debería ser la de la introducción del derecho consuetudinario en la Constitución, que demostró muy bien hasta dónde llegó el derecho positivo. Tras estas reflexiones, la Revolución aparece no tanto como una excepción en el camino de la modernización de la justicia sino, por el contrario, como un regreso a una normalidad, aunque modificada, anterior al porfiriato. Este, en cambio, sí supondría un paréntesis en el que la justicia se había normalizado, es decir, se habría puesto de acuerdo con las normas definidas por las élites políticas y administrativas. Pero eso estaba definitivamente muy lejos de los pensamientos de Rafaela y Mariana.

Notas

Advertencia al lector

[1] Esta investigación recibió el apoyo del proyecto Ecos-Nord, nº M16H01, titulado «Justice et société au Mexique, XVIIIe-XXIe siècles», adscrito a las instituciones siguientes: Casa de Velázquez, FRAMESPA-CNRS (UMR 5136), CIESAS y ENAH.

Introducción

[1] Guerra, François-Xavier, *Le Mexique. De l'Ancien Régime à la Révolution*, París, Harmattan, Publications de la Sorbonne, 1985, t. I, p. 325.

[2] *La Antigua República. Semanario de política, variedades y anuncios*, 76 (29 de julio), 1906, p. 9.

[3] Corbin, Alain, *Le monde retrouvé de Louis-François Pinagot. Sur les traces d'un inconnu, 1798-1876*, París, Flammarion, 1998.

[4] Mallon, Florencia E., «Time on the Wheel: Cycles of Revisionism and the "New Cultural History"», *Hispanic American Historical Review*, 79 (2), 1999, pp. 331-335.

[5] Ginzburg, Carlo, *El queso y los gusanos: el cosmos, según un molinero del siglo XVI*, México, Océano, 1997.

[6] Dávalos, Marcela, «Los indígenas iletrados ante el Juzgado de Indios», *Historias*, 80 (sept-dic.), 2011, pp. 31-45.

[7] Calderón, Joaquín (dir.), *Memoria de la administración pública del Estado de Tlaxcala presentada a la H. Legislatura del mismo, por el Gobernador Constitucional Coronel Próspero Cahuantzi, el 2 de abril de 1893, en cumplimiento de lo prescrito en la fracción XXIV del Art. 58 de la Constitución Política Local*, Tlaxcala, Imprenta del Gobierno, 1894.

[8] Véase sobre ese tema el trabajo pionero de González, María del Refugio, «Derecho de transición (1821-1871)», en Beatriz Bernal (coord.), *Memoria del IV Congreso de Historia del Derecho Mexicano, 1986*, México, UNAM, t. I, 1987, pp. 433-454, así como, Marino, Daniela, *Huixquilucan. Ley y justicia en la modernización del espacio rural mexiquense, 1856-1910*, Madrid, CSIC, col. «Estudios Americanos. Tierra Nueva», 2016, pp. 135-199.

El caso: un juicio verbal de 1916

[1] Ese dato se encuentra mencionado en las *Memorias* de Mariano Riva Palacio para los años de 1871 y 1872, citado por Marino, Daniela, *Huixquilucan. Ley y justicia en la modernización del espacio rural mexiquense, 1856-1910*, Madrid, CSIC, 2016, p. 45. En Tlaxcala, los campesinos del distrito de Zaragoza se quejaron en 1903 por el aumento del impuesto predial bajo el gobierno de Próspero Cahuantzi, el impuesto era entonces del 8 ‰ para las fincas rústicas y del 4 ‰ para las urbanas (AHET, s. xx, Unidad Histórica, Fondo s. xx, Sección Secretaría General de Gobierno [SGG], C. 33, Exp. 12, Año 1903).

[2] Salvo excepciones que indicaremos en nota a pie de página, transcribimos literalmente el texto de los expedientes originales, respetando el uso de las mayúsculas y la puntuación.

[3] Para una mejor comprensión del texto hemos modernizado la puntuación.

[4] Por ejemplo, en el *Incidente de costas promovido por el Sr.* Román Sánchez, contra el Sr. Macario Sánchez Pineda (AHTSJETM, Justicia civil, Distrito de Zaragoza, 1932), el inventario de los costos judiciales menciona un total de 169,65 pesos de gastos generales (viajes, copias de documentos, gastos en los juzgados) a los que se deben agregar unos 200 pesos de honorarios de abogados.

Dos mujeres y un pleito sobre propiedad

[1] Milo, Daniel S., Boureau, Alain, *Alter histoire. Essais d'histoire expérimentale*, París, Les Belles Lettres, 1991.

[2] Sobre esta cuestión legal, nos referimos esencialmente al trabajo siguiente: Arrom, Silvia, «Cambios en la condición jurídica de la mujer mexicana en el siglo xix», en *Memoria del II Congreso de Historia del Derecho Mexicano, 1980*, México, UNAM, 1981, p. 504. En complemento, se consultó también: Rodríguez Bravo, Roxana, «Los derechos de las mujeres en México, breve recorrido», en Galeana, Patricia (coord.), *Historia de las mujeres en México*, México, INAH, 2015, pp. 269-295.

[3] Deere, Carmen Diana, León, Magdalena, «La brecha de género en la propiedad de la tierra en América Latina», *Estudios sociológicos*, XXIII, 68 (mayo-agosto), 2005, p. 405.

[4] Las tasas de adquisición por herencia eran para las mujeres de Brasil del 54,2 % y del 75,2 % en Perú. Véase Deere, León, *Ibid.*, cuadro 3: «Forma de adquisición de la propiedad de la tierra por sexo».

[5] *Tlaxcala, 14/09/1896. Copia simple del testimonio de la escritura de fraccionamiento de cuatro caballerías de tierra, ubicadas en el Rancho de San Miguel Teopanzalco municipio de Natívitas, otorgada mutua y recíprocamente entre varios vecinos del pueblo de Santa Apolonia Teacalco, por la cantidad de seis mil trecientos pesos* (Archivo General de Notarías del estado de Tlaxcala [AGNT], Distrito de Hidalgo, 1896).

[6] *Copia simple del testimonio de la escritura de división de una fracción de terreno que perteneció a la hacienda del Rosario, otorgada por varios vecinos del pueblo de Santa Ana Nopalucan (Ibid.).*

[7] Buve cita a las familias revolucionarias más destacadas del Estado: «las familias de Juan Cuamatzi y Pablo Xelhuantzi (San Bernardino Contla); Domingo,

Cirilo y Emeterio Arenas (Santa Inés Zacatelco); la familia de Máximo Rojas (San Francisco Papalotla); Manuel, Nicolás, Trinidad y Diego Sánchez (La Trinidad Tepehitec); la familia de Anastasio Meneses (Zacualpan); Macario, Gabriel y Eduardo Hernández (Tlaxco) y los cinco hermanos Bonilla (Altzayanca). Buve, Raymond, *El movimiento revolucionario en Tlaxcala*, México, Universidad Autónoma de Tlaxcala, Universidad Iberoamericana, 1994, p. 359.

[8] Así la presentó el notario cuando compró un predio rústico en 1911: *Copia simple de la escritura de venta del predio rústico denominado «La Concordia» sito en el pueblo del mismo nombre que otorga el Señor Miguel Pioquinto Ramírez a favor de la Señora María Ana Vázquez. Acta de compra-venta, Zacatelco, el 7 de diciembre de 1911* (AGNT, Distrito de Zaragoza, Registro Público de la Propiedad, Copias simples, 1911).

Conflicto de jurisdicción y de legitimidad

[1] Sobre este tema véanse: Galante, Mirian, «Municipios y construcción del Estado (Tlaxcala, 1824-1826): Definición ante la ley y administración de justicia», en Irurozqui, Marta, Galante, Mirian (eds.), *Sangre de Ley. Justicia y violencia en la institucionalización del Estado en América Latina, siglo xix*, Madrid, Polifemo, 2011, pp. 169-201; Gayol, Víctor, «La justicia y el gobierno político militar de Tlaxcala entre las reformas borbónicas y la independencia (1786-1821): los gobernadores militares», en Caselli, Elisa (coord.), *Justicias, agentes y jurisdicciones. De la Monarquía Hispánica a los Estados Nacionales (España y América, siglos xvi-xix)*, México, FCE, 2017 (ebook), pp. 287-311; Morelli, Federica, «Entre ancien et nouveau régime. L'histoire politique hispano-américaine du xixe siècle», *Annales. Histoire, Sciences Sociales*, 4, 2004, pp. 759-781 y Rojas, Beatriz, «Del gobierno de los pueblos, 1812-1857», en Gayol, Víctor (coord.), *Formas de gobierno en México. Poder político y actores sociales a través del tiempo*, México, El Colegio de Michoacán, 2012, t. II, pp. 381-415.

[2] Cuellar Abaroa, Crisanto, *El triunfo de la República (Efemérides tlaxcaltecas), año de 1867*, Tlaxcala, 1972, pp. 140-142 (manuscrito), citado en: García Verástegui, Lía, Pérez Salas, María Esther, *Tlaxcala. Textos de su historia*, México, Gobierno de Tlaxcala, Instituto Mora, 1990, t. XI, p. 484.

[3] *El Estado de Tlaxcala. Órgano oficial del gobierno*, Tlaxcala, 31 de diciembre de 1882, p. 20.

[4] Mantecón Movellán, Tomás A., «Justicia y fronteras del derecho en la España del Antiguo Régimen», en Caselli, Elisa (coord.), *Justicias, agentes y jurisdicciones*, pp. 25-58.

[5] Véase, en particular la introducción, Garnot, Benoit, *Histoire de la justice en France, xvie-xxie siècle*, París, Gallimard, Folio Histoire, 2009.

[6] Garnot, Benoit, Lemesle, Bruno (dirs.), *Autour de la sentence judiciaire du Moyen Âge à l'époque contemporaine*, Dijon, Éditions Universitaires de Dijon, 2012.

[7] Morelli, Federica, «Pueblos alcaldes y municipios: la justicia local en el mundo hispánico entre Antiguo Régimen y liberalismo», *Historia Crítica*, 36 (jul.-dic.), 2008, pp. 36-57. Garriga Acosta, Carlos, «Justicia y política entre Nueva España y México. De gobierno de la justicia a gobierno representativo», en Gayol, Víctor (coord.), *Formas de gobierno en México*, pp. 33-79.

[8] Durante la vacancia del juzgado de distrito de Zaragoza, desde enero de 1916, varias solicitudes de este tipo se presentaron al secretario general de Gobierno y recibieron la misma respuesta. Tan solo damos aquí dos ejemplos: *Esteban Meneses, vecino de Axocomanitla, pide ante este gobierno que denuncia el juicio de testamento de su finado padre D. Joaquín Meneses, ante el juzgado de 1ra instancia del distrito de Hidalgo, en virtud de no haber juez en el distrito de Zaragoza* (AHET, Rev-RO, Just-Gob, C. 189, Exp. 39, 2 fos, Año 1916); *Ocurso presentado por la Señora María del Villar Viuda de Rojas por el que solicita del gobierno que promueva en el juzgado de 1a instancia del Distrito de Hidalgo el juicio de intestado de su tío el finado Amador Campos, vecino que fue de Zacatelco* (*Ibid.*, C. 189, Exp. 38, 3 fos, Año 1916).

[9] Sastre de oficio, Mariano Pérez también fue suplente del administrador de Correos bajo el gobierno de Huerta y sirvió al Gobierno del Estado —sin indicar en qué puestos— del 29/10/1915 al 15/03/1916 antes de regresar como juez provisional a partir de julio de 1916, véase *Interrogatorios* (*Ibid.*, C. 215, Exp. 2, 146 fos, Año 1917).

[10] Marino, Daniela, «Los pueblos indígenas y el nuevo modelo liberal. Justicia, política, propiedad. Centro de México, 1821-1876», en Gayol, Víctor (coord.), *Formas de gobierno en México*, p. 423.

[11] *Expediente relativo a la excitativa de justicia promovida por el señor Celso Hernández, contra actos del C. Juez de Primera Instancia de Zacatelco* (AHET, Sección Procuraduría General de Justicia, Serie Tribunal Superior de Justicia [PGJ, TSJ], Año 1930). Subrayado por nosotros.

[12] *Relativo a nombramientos* (AHET, Rev-RO, Just-Gob, C. 122, Exp. 53, 24 fos, Año 1911).

[13] *EL C. Raymundo Maldonado, quejándose contra actos del Secretario del Juzgado de 1ra instancia de este distrito, C. Ismael de la Rosa* (*Ibid.*, C. 123, Exp. 4, 10 fos, Año 1911).

[14] *Renuncia del Licenciado Próspero Páramo del puesto de juez de 1ra instancia del distrito de Cuauhtémoc, remplazado por el Lic. Carlos M. Martínez. Renuncia de Carlos M. Martínez del puesto de juez de 1ra instancia del distrito de Zaragoza remplazado por el Lic. Próspero Páramo* (*Ibid.*, C. 129 Exp. 18, 130 fos, Año 1912).

[15] Véanse los dos expedientes siguientes: *Relativo a las faltas de cumplimiento que en el ejercicio de su encargo está cometiendo el Juez de 1ra instancia de Zacatelco Lic. Próspero Páramo. Febrero 1912* (*Ibid.*, C. 130, Exp. 34, 2 fos, Año 1912); *Renuncia entregada el 16 de febrero de 1912* (*Ibid.*, C. 131, Exp. 16, 7 fos, Año 1912).

[16] Sobre este tema véanse: Guerra, François-Xavier, «Las elecciones legislativas de la Revolución mexicana. 1912», *Revista Mexicana de Sociología*, 52 (2), 1990, pp. 241-276; Sanchez, Evelyne, «Estrategias campesinas en el México revolucionario. El minifundio y la construcción del empoderamiento en los pueblos de Natívitas, (Tlaxcala, 1856-1921)», *Revista Complutense de Historia de América*, 38, 2013, pp. 229-253 (disponible en línea); *Cuentas de los gastos que se hicieron con motivo de las elecciones secundarias verificadas* (AHET, Rev-RO, Just-Gob, C. 130, Exp. 20, 70 fos, Año 1912).

El juez y el notario

[1] *Relativo al incendio del Archivo de Zacatelco por las fuerzas zapatistas. Carta de J. Arturo Serrano al Gobernador, Zacatelco, 16 de enero de 1912* (AHET, Rev-RO, Just-Gob, C. 130, Exp. 19, 43 f[os], Año 1912); *Copia de carta de José López Gómez, súbdito español vecino de Zacatelco, y Lic. Rafael Ávila, al Ministro de España, México, DF, 15/02/1912* (*Ibid.*, C. 131, Exp. 33, 9 f[os], Año 1912); *Relativo a los acontecimientos de Zacatelco. Carta del juez de 1ª instancia de Zacatelco Carlos M. Martínez al Secretario General de Gobierno, Zacatelco, 16 de enero de 1912* (*Ibid.*, C. 129, Exp. 46, 14 f[os], Año 1912).

[2] ALBORNOZ VÁSQUEZ, María Eugenia, «Cortar la causa, no admitir más escrito, obligar al perdón. Sentencias judiciales para administrar la paz quebrada por las injurias (Chile, 1790-1873)», en CASELLI, Elisa (coord.), *Justicias, agentes y jurisdicciones*, p. 150 y ARGOUSE, Aude, «"Otorgo que doy mi poder cumplido". Apoderamiento y representación voluntaria en la administración de justicia virreinal (Santiago de Chile, 1647-1725)», *Ibid.*, pp. 222-223.

[3] BARRIERA, Darío G., «La supresión del cabildo y la creación de los juzgados de paz: dimensión provincial de la justicia de equidad en el literal rioplatense (Santa Fe, 1833)», en CASELLI, Elisa (coord.), *Justicias, agentes y jurisdicciones*, pp. 427-450; GAYOL, Víctor, *Laberintos de justicia. Procuradores, escribanos y oficiales de la Real Audiencia de México (1750-1812)*, México, El Colegio de Michoacán, 2007, t. II, pp. 365-366.

[4] GAYOL, Víctor, «La justicia y el gobierno político militar», p. 307.

[5] MOREL, Christian, *Les décisions absurdes. Sociologie des erreurs radicales et persistantes*, París, Gallimard, 2002, pp. 346-347: «[...] *importance du temps dans la formation d'une acceptation collective de la décision absurde. Avec le temps, on oublie l'absence d'objectifs ou l'erreur initiale ; on s'habitue progressivement à la solution considérablement déconnectée ; on lui trouve un usage marginal ; on peut lui reconstituer une justification de façade ; de nouveaux entrants, qui ne connaissent pas l'histoire, pensent que cette solution absurde a de bonnes raisons d'exister et deviennent un soutien*».

[6] *Discurso de traspaso de la presidencia del Colegio de Abogados de Eduardo Escudero a su sucesor, Tlaxcala, el 2 de enero de 1876* (AHET, PGJ, STJ, C. 13, Exp. 33, Año 1876).

[7] AHET, Rev-RO, Just-Gob, C. 236, Exp. 75, 3 f[os], Año 1918.

[8] *Relativo a nombramientos. Carta de Manuel Hernández al Gobernador, Tlaxcala, el 16 de julio de 1914* (*Ibid.*, C. 164, Exp. 15, 48 f[os], Año 1914).

[9] *Copia simple de la escritura de compraventa de una casa y Patio ubicados en Natívitas, otorgada por la Señora Soledad Luna Viuda de Teniza en favor del señor Francisco Teniza. Tlaxcala, el 09 de enero de 1918* (AGNT, Registro Público de la Propiedad, Distrito de Zaragoza, 1918).

[10] *Licencias concedidas al juez local de Nativitas para que autorice escrituras* (AHET, Rev-RO, Just-Gob, C. 199, Exp. 43, 7 f[os], Año 1916).

[11] *Prisciliano Aguilar contra Filomeno Trevera por terrenos* (AHTSJET, Distrito de Zaragoza, Justicia civil, 1917).

[12] Este asunto llegó también al escritorio del secretario de Gobierno a quien Felipe Piscil tuvo que entregar un resumen: *Orden que se dirige al Juez de*

Nativitas recomendándole se abstenga de proceder en contra de Filomeno Trevera (AHET, Rev-RO, Just-Gob, C. 210, Exp. 28, 3 f[os], Año 1917).

[13] *Carta de Lucio de San Pedro, juez local de Natívitas, al Secretario de Gobierno, el 03 de febrero de 1917* (*Ibid.*, C. 210, Exp. 28, 3 f[os]).

[14] *Ibid.* (C. 231, Exp. 31, 98 f[os], Año 1918).

[15] *Libro de correcciones disciplinarias impuestas a los jueces de 1ra instancia del Estado* (AHET, PGJ, TSJ, C. 3. 1898-1899).

El juez y el caudillo

[1] *Carta de Rafaela Hernández al Gobernador, Tlaxcala, el 12 de enero de 1917* y *Carta del Oficial Mayor del Gobierno de Tlaxcala a Rafaela Hernández con copia al juez de primera instancia de Zacatelco, Tlaxcala, el 13 de enero de 1917* (AHET, Rev-RO, Just-Gob, C. 200, Exp. 61).

[2] Meyer, Jean, *La revolución mexicana*, México, Tusquets, 2010, p. 85.

[3] Knight, Alan, *La revolución mexicana: del Porfiriato al nuevo régimen constitucional*, México, Grijalbo, 1996; Merino, Mauricio, *Gobierno local, poder nacional. La contienda por la formación del Estado mexicano*, México, El Colegio de México, 1998.

[4] Rendón Garcini, Ricardo, *El Prosperato. Tlaxcala de 1885 a 1911*, México, Siglo XXI, UIA, 1993; Ramírez Rancaño, Mario, *El sistema de haciendas en Tlaxcala*, México, CONACULTA, 1990; Sanchez, Evelyne, «Estrategias campesinas en el México revolucionario».

[5] Los elementos escuetos de su biografía se sacaron de: *Diccionario histórico y biográfico de la Revolución mexicana*, t. VII: *Tamaulipas, Tlaxcala, Veracruz, Yucatán, Zacatecas*, México, INEHRM, 1992; Mendoza, Samperio, «Máximo Rojas», *Tlahcuilo. Boletín del Archivo Histórico del Estado de Tlaxcala*, 12-13 (jul.-dic.), 2010, pp. 167-178; Buve, Raymond, «Los gobernadores de Estado y la movilización de los campesinos en Tlaxcala», en Brading, David A. (comp.), *Caudillos y campesinos en la Revolución mexicana*, México, FCE, 1980, pp. 277-305.

[6] Annino, Antonio, «Soberanías en lucha», en Annino, Antonio, Guerra, François-Xavier, *Inventando la nación. Iberoamérica. Siglo xix*, México, FCE, 2003, pp. 152-184; Morelli, Federica, «Entre ancien et nouveau régime».

[7] Knight, Alan, «Caudillos y campesinos en el México revolucionario, 1910-1917», en Brading, David A. (coord.), *Caudillos y campesinos*, pp. 32-85.

[8] Juanicó, Diana, «Partidos, facciones políticas y elecciones: Tlaxcala en 1924», en *Historia Mexicana*, XXXVII (1), 1987, pp. 75-100.

[9] Adelanto aquí resultados que serán publicados en un libro titulado: *Les enjeux d'une élection ordinaire. Services secrets et reconstruction territoriale dans le Mexique post-révolutionnaire*. Las principales fuentes son los dos legajos siguientes: Archivo General de la Nación (AGN), Fondo Dirección General de Investigaciones Políticas y Sociales (F-IPS), C. 162, Exp 311(4-7)/32 al 311(4-8)/1, 12 exp, 1924-1938 y AGN, F-IPS, C. 163, Exp. 311(4-8)/23 al 311(4-8)/I Bis, 5 exp., 1923-1925.

[10] Sánchez Aguilar, Juan Bernardino, «La integración del Congreso Constituyente de 1917», en *Historia Mexicana*, LXVI (3), 2017, p. 1305.

[11] Mac Gregor, Josefina, «Los diputados renovadores de la XXVI Legislatura al Congreso Constituyente», *Ibid.*, p. 1356. Encontramos a principios del

año 1925, o sea, un año después de la muerte de Máximo Rojas, a Gerzayn Ugarte como senador en el Congreso de la Unión por el Partido Laborista: *Reporte del agente 9 al Jefe del Departamento Confidencial*, México, *4 de marzo de 1925* (AGN, F-IPS, C. 163, Exp. 311 [4-8]/23, 1923-1925, 9 p., f°s 271-279, signatura actualizada: 136017).

[12] *Relativo a la clausura de juzgados. Septiembre de 1914* (AHET, Rev-RO, Just-Gob, C. 165, Exp. 22, 10 f[os], Año 1914); *Relativo a que a la mayor brevedad posible sean restablecidos los Juzgados de 1ra instancia y menores tanto civiles como penales en este Estado* (*Ibid.*, C. 166, Exp. 4, 9 f[os], Año 1914).

[13] *Carta redactada en Apizaco el 13 de marzo de 1916 y transmitida al Gral. Máximo Rojas el 28 de abril por Casimiro González, Oficial Mayor Encargado del Despacho de la Secretaría General del Gobierno del Estado* (AHET, s. xx, SGG, C. 12, Exp. 39, 24 f[os], Año 1916).

Las redes de poder de Santa Apolonia Teacalco.
Del municipio al Estado

[1] AGN, Bienes Nacionalizados, C. 554, 183.9, Exp. 10891. 7 f[os], Año 1865.

[2] Sobre los conflictos ocurridos en el proceso de venta del terreno de El Carril, véase AHET, Sección Justicia, Serie civil, C. 52, Exps. 3 y 4. Año 1857.

[3] Sanchez, Evelyne, «Santa Apolonia Teacalco (Tlaxcala, México): un pueblo a la conquista de su cabecera en tiempo de Revolución», *Naveg@mérica. Revista electrónica de la Asociación Española de Americanistas*, 8, 2012 (disponible en línea).

[4] AHET, Justicia y Gobernación, C. 33, Exp. 12, 24 f[os], Año 1903.

[5] Rendón Garcini, Ricardo, *El Prosperato.*

[6] AHET, Justicia y Gobernación, C. 37, Exp. 41, 85 f[os], Año 1903.

[7] AHET, Rev-RO, Just-Gob, C. 165, Exp. 46, 3 f[os], Año 1914.

[8] *Ibid.*, C. 177, Exp. 73, 2 f[os], Año 1915. Subrayado por nosotros.

[9] *Ibid.*, C. 179, Exp. 57, 2 f[os], Año 1915.

[10] *Ibid.*, C. 225, Exp. 27, 12 f[os], Año 1917.

[11] *Ibid.*, C. 208, Exp. 9, 80 f[os], Año 1916.

[12] *Diligencias sobre la devolución de una yunta de mulas aperada (nota: pidiendo informes al juez local)*, AHTSJET, Distrito de Zaragoza, Justicia civil, 1916.

Consideraciones finales.
El peso de la Revolución

[1] Ginzburg, Carlo, «Indicios. Raíces de un paradigma de inferencias indiciales», en Ginzburg, Carlo, *Mitos, emblemas, indicios. Morfología e historia*, Barcelona, Gedisa, 1999, pp. 138-175.

SOBRE EL MISMO TEMA :

BIBLIOTHÈQUE DE LA CASA DE VELÁZQUEZ

64

Société minière et monde métis
Le centre-nord de la Nouvelle Espagne au XVIIIe siècle
Soizic CROGUENNEC

COLLECTION DE LA CASA DE VELÁZQUEZ

169

Gobernar colonias, administrar almas
Poder colonial y órdenes religiosas en los imperios ibéricos (1808-1930)
Xavier HUETZ DE LEMPS, Gonzalo ÁLVAREZ CHILLIDA y María Dolores ELIZALDE (eds.)

164

Cambio institucional y fiscalidad
Mundo hispánico, 1760-1850
Michel BERTRAND y Zacarías MOUTOUKIAS (eds.)

148

L'État dans ses colonies
Les administrateurs de l'Empire espagnol au XIXe siècle
Jean-Philippe LUIS (éd.)

137

Las independencias hispanoamericanas
Un objeto de historia
Véronique HÉBRARD y Geneviève VERDO (eds.)

MÉLANGES DE LA CASA DE VELÁZQUEZ

46-2

Modelos heroicos decimonónicos: una mirada desde Yucatán, Costa Rica, Chile y Colombia
Michel BERTRAND y Lucrecia ENRÍQUEZ (coords.)

www.ingramcontent.com/pod-product-compliance
Ingram Content Group UK Ltd.
Pitfield, Milton Keynes, MK11 3LW, UK
UKHW040318300826
14791UKWH00003B/978

9 788490 962381